Bibliografische Information der Deutschen Nationalbibliothek:

Die Deutsche Nationalbibliothek verzeichnet diese Publikation in der Deutschen Nationalbibliografie; detaillierte bibliografische Daten sind im Internet über http://dnb.d-nb.de abrufbar.

Impressum:

Copyright © 2014 ScienceFactory

Ein Imprint der GRIN Verlags GmbH

Druck und Bindung: Books on Demand GmbH, Norderstedt, Germany

Coverbild: pixabay.com

DEUTSCHLAND UND FRANKREICH: GESCHICHTE EINER HASSLIEBE

Vom deutsch-französischen Freundschaftsvertrag bis zum gemeinsamen Jugendwerk

Alleingang zu zweit. Der Deutsch-Französische Freundschaftsvertrag vor dem Hintergrund der Persönlichkeiten Konrad Adenauer und Charles de Gaulle 7

Einleitung 9

Analyse von Persönlichkeiten 10

Konrad Adenauer und Charles de Gaulle 13

Politischer Vergleich 24

Verhältnis Adenauer und De Gaulle 32

Der Deutsch-Französische-Freundschaftsvertrag 37

Fazit 38

Literaturangabe 41

Die Neue Deutsche Ostpolitik der sozialliberalen Koalition und die deutsch-französischen Beziehungen von 1969-1974 45

Einleitung 47

Übergang von der Konfrontationspolitik zur Entspannungspolitik vor 1969 48

Die ‚Neue Ostpolitik' der Regierung Brandt / Scheel und die deutsch-französischen Beziehungen 55

Auswirkungen der ‚Neuen Ostpolitik' 69

Fazit 71

Literaturverzeichnis 75

Die deutsch-französischen Beziehungen von der Wiedervereinigung zum Maastrichter Vertrag. Die Rolle Helmut Kohls und François Mitterrands 77

Einleitung 79

Die deutsch-französischen Beziehungen von 1945 – 1989 81

Wiedervereinigung 84

Der Vertrag von Maastricht 96

Die Wirtschafts- und Währungsunion im Rahmen des Vertrags von Maastricht 103

Schluss 114

Literaturverzeichnis 118

Das deutsch-französische Jugendwerk. Chancen und Grenzen als Vermittler im europäischen Einigungsprozess 121

Einleitung 123

Von der Erbfeindschaft zum Motor des vereinten Europas 123

Erfolge und Probleme des DFJW als Mittler zwischen Deutschland und Frankreich 127

Bilanz aus vierzig Jahren Vermittlungstätigkeit des DFJW 133

Zusammenfassung und Fazit 134

Literatur 136

Alleingang zu zweit. Der Deutsch-Französische Freundschaftsvertrag vor dem Hintergrund der Persönlichkeiten Konrad Adenauer und Charles de Gaulle

Von Florian Kreier, 2010

Einleitung

Charles de Gaulle und Konrad Adenauer gelten als Gründungsväter der Aussöhnung zwischen den ehemals „vererbfeindeten" Nationen Frankreich und Deutschland: am 22.01.1963 unterzeichneten beide den von ihnen entwickelten „Deutsch-Französischen-Freundschaftsvertrag". Der französische Präsident und der deutsche Bundeskanzler führten im Vorfeld des Vertrages einen regen und überdurchschnittlichen Austausch. Mit keinem anderen internationalen Politiker traten de Gaulle oder Adenauer in diesen Jahren häufiger in Kontakt. Zwischen 1958 und 1963 wechselten sie 40 Briefe und tauschten sich in insgesamt 15 persönlichen Treffen über 100 Gesprächsstunden lang aus. Heute erscheinen die gute Beziehungen zwischen dem deutschen Bundeskanzler und dem französischen Präsidenten, sowie der „Deutsch-Französische-Freundschaftsvertrag" in Hinsicht auf die europäische Entwicklung als gleichermaßen logisch und wünschenswert. Aber diese Vertiefung des Kontakts, sowie die Kooperation in welt- und europapolitischen Fragen, war bei de Gaulles Amtsantritt im Jahre 1958 nicht wirklich absehbar. Beim genauen Blick auf die damaligen innen-, außen- und europapolitischen Verhältnisse, die Stellungen der beiden Politiker zueinander, lassen den Prozess und Inhalt des Vertrages schon weitaus inkontingenter erscheinen. Zudem riefen die Art der Entwicklung und Umsetzung des Vertrages aus vielen unterschiedlichen Lagern Kritiker auf den Plan. Nicht zufällig wurde der Vertrag nachträglich im Bundestag mit einer Präambel versehen, die de Gaulle später zur Formulierung hinrissen, der Vertrag sei tot bevor er in Kraft trete[1].

Inwieweit der Grund für den Deutsch-Französischen-Freundschaftsvertrag in den Persönlichkeiten Adenauer und de Gaulle zu suchen ist, ist Thema der vorliegenden Ausarbeitung. Als Grundlage dient folgende Annahme: die Persönlichkeiten Adenauer und De Gaulle waren für die Institutionalisierung der Freundschaft zwischen den einst verfeindeten Ländern Frankreich und Deutschland von essentieller Bedeutung. Ihr Einsatz und ihre Verfolgung dieses Ziels – der Deutsch-Französischen-Aussöhnung – machten diese vertiefte und vertraglich fixierte Zusammenarbeit erst möglich. Der Prozess und das Ergebnis

---

[1] Weidenfeld, Werner. Der deutsch-französische Vertrag in europäischer Perspektive. In: Universitas, Nr. 12/1983. S.1297

spiegelten zudem die innen- und außenpolitische Situation, sowie die gegenseitige Wertschätzung der Persönlichkeiten füreinander wider.

Dazu werden vorerst unterschiedliche Möglichkeiten der Analyse von Persönlichkeiten in politischen Prozessen verglichen. Auf Grundlage einer ausgewählten Analyse-Form werden Konrad Adenauer und Charles de Gaulle mittels ihrer Biographien auf grundlegende Ähnlichkeiten und Unterschiede geprüft. Anschließend folgt der politische Vergleich der Politiker: ihre Stellung im politischen System, der allgemeine innen- und außenpolitischen Situation, sowie ihre Vorstellungen von Europa. Darauf wird der Verlauf der Beziehung zwischen Adenauer und de Gaulle skizziert, um die Intensivierung des Kontakts, trotz einiger Tiefpunkte, darzulegen. Einzelheiten zu den Vertragsverhandlungen von der Politischen Union und den Fouchet-Plänen werden nicht behandelt, dagegen jedoch der Deutsch-Französische-Freundschaftsvertrag vor dem Hintergrund der Persönlichkeiten. In einem abschließenden Fazit wird die Eingangsfrage nochmals von mehreren Seiten beleuchtet.

Zum Thema der vorliegenden Ausarbeitung existiert eine schwer überschaubare Menge an teilweise auch widersprüchlicher Literatur. Die zugrunde liegenden verwendeten Werke erklären einen in der Arbeit angesetzten Fokus. In erster Linie wurden dabei Fachbücher von Experten für die Persönlichkeiten Adenauer und de Gaulle wie Ernst Weisenfeld, Prof. Dr. Weidenfeld und Hans-Peter Schwarz, sowie Personen aus dem näheren Umfeld wie Hermann Kusterer, Jaques Bariety und Annelise Poppinga verwendet. Zur zusätzlichen Einschätzung und Analyse des deutsch-französische Verhältnisses wurden unter anderem Gilbert Ziebura und Ulrich Lappenküper herangezogen.

Analyse von Persönlichkeiten

Es gibt zahlreiche unterschiedliche Methoden um Persönlichkeiten zu bewerten. Jürgen Hartmann skizziert in „Persönlichkeit und Politik" eine Entstehungsgeschichte der Persönlichkeitsanalyse, die hier in knapper Form übernommen wird um einen kurzen Überblick zu geben. Ludger Helms beschäftigt sich mit Analysen politischer Führung (political leadership). Darin liegt eine deutliche Schnittmenge zu den von Hartmann aufgeführten Ansätzen, denn Helms betrachtet die Führungsstile auch auf Grundlage der jeweiligen Persönlichkeiten und ihrer institutionellen Umgebung. Aus beiden Ansätzen, der Persönlichkeitsanalyse und der Analyse der unter Mitwirkung der Persönlichkeiten entstandenen Entscheidungen, wird im Anschluss eine eigene Methode zur Bewertung der Persönlichkeiten Adenauer und de Gaulle ausgewählt.

Verschiedene Ansätze

Hartmann[2] unterteilt in verschiedene Ansätze. Beispielsweise psychoanalytische wie Siegmund Freud oder seinem Schüler Adler, welcher sich in Richtung der heutigen Soziologie orientierte. Adler stellte das Streben nach Sicherheit, Geltung und Macht in den Vordergrund seiner Persönlichkeitsanalyse. Entscheidend für die Persönlichkeit eines Menschen ist seiner Ansicht nach die frühkindliche Entwicklung, auf Grundlage derer Menschen Selbstbewusstsein entwickeln, soziale Fähigkeiten ausbilden und ihre Präferenzen in der eigenen Lebensplanung bezüglich Besitz und Ansehen ordnen. Erik Erikson und auch Erich Fromm erweitern später die auf den Menschen einwirkenden Aspekte um eine gesellschaftliche Komponente. Persönlichkeiten entwickeln sich nach Fromm nicht nur unter Einfluss ihrer Familien, sondern auch ihres jeweiligen Milieus. Aufgrund ähnlicher Lebens- und Entwicklungsumstände verfügen Persönlichkeiten auch über einen erkennbaren gesellschaftlichen Charakter, eine gesamtgesellschaftliche Identität. Erik Eriksons Meinung nach sind Persönlichkeiten ein Produkt der somatischen (natürliche Umgebung und biologische Ausstattung), sozialen (Staat und gesellschaftliche Konventionen) und der individuellen Ordnung (Ängste, Hoffnungen, Erwartungen), welche die Beziehung zu den ersten beiden Bereiche koordiniert. Während der Kindheit und Jugend bilden Menschen diese individuelle Ordnung in einem Trail-and-Error-Verfahren aus. Eine fundamentale Identitätskrise als Schritt in die Adoleszenz stellt eine Weiche, fortan orientiert sich die Persönlichkeit an gewissen charakterlich festgelegten Vorstellungen und Wünschen, entwickelt sich jedoch noch leicht weiter. Als dritte Gruppe fasst Hartmann die Wahrnehmungsforschung, deren Gegenstand die selektive Aufnahme und Verarbeitung von wahrgenommener Information auf Basis des jeweiligen Charakters einer Persönlichkeit ist. Dieser Charakter beinhaltet verschiedene gesellschaftliche und psychologische Attribute als Ergebnis eigener Erfahrungen, Prägungen oder Veranlagungen, auf Grundlage derer Personen

---

[2] Hartmann, Jürgen. Persönlichkeit und Politik. Wiesbaden: 2007. Verlag für Sozialwissenschaften. S.24-37

wiederum ihre „eigene persönliche Wirklichkeit" konstruieren, somit Ereignisse, Personen und Situationen bewerten und sich ihnen gegenüber verhalten: einem persönlichen Schema. Gegenstand der vierten Gruppe „Politische Psychologie" sind Analysen von Persönlichkeiten in politischen Ämtern von u.a. Lasswell, Schneider oder Greenstein. Letzterer bringt die Komponenten Lebensgeschichte, Charakter, Milieus und Erfahrungen auf die Wirkungskette „Situation + Charakter = Verhalten". Dabei sind Personen in der Politik jedoch abhängig von verschiedenen Variablen: z.B. dem politischen System, Parteien, Einflussgruppen oder der Öffentlichkeit. Schon Max Weber weist deshalb auf die Bedeutung der Empathie-Fähigkeit von Politikern hin: sie müssen zuhören, verstehen, sich einfühlen können um Erfolg zu haben. In einem Beurteilungsschema für Politiker teilt James Barber in vier Gruppen: aktiv-positive, aktiv-negative, passiv-positive und passiv-negative und ordnet den Gruppen amerikanische Präsidenten zu. Grundlage für die Einteilung sind wiederum biographische, körperliche und psychische Eigenheiten der betrachteten Persönlichkeiten.

Leadership – Ludger Helms

Ludger Helms[3] untergliedert zur Analyse in zwei Hauptkategorien: normative und empirische Ansätze. Erstere befassen sich stark verkürzt mit der Frage des „guten Regierens", geistesgeschichtlich im Gegensatz zu Nicolo Machiavelli, mit Vertretern wie Thomas von Aquin, John Locke oder Baron de Montesquieu. Zum Inhalt sind beispielsweise Fragen nach der Vorbildfunktion von Politikern und politischen Entscheidungen, sowie dem Begriff des „good government". Empirische Ansätze stellen die Auswirkungen von Strukturen und Personen als Ursache politischer Entscheidungen ins Zentrum der Analyse. Helms unterscheidet die selbsterklärenden Ansätze personenzentriert, strukturzentriert und interaktionistisch, letztere vereinen die beiden vorigen. Interaktionistische Ansätze machen sich zur Aufgabe, die Interdependenz und Dynamik von personellen und systemischen Einflussfaktoren angemessen in das Ergebnis der Bewertung einfließen zu lassen. „Nach dem diesen Ansätzen zugrundeliegenden Verständnis operieren politische Amtsinhaber zwar innerhalb eines bestimmten (institutionellen, politischen, historischen) Kontextes, der ihre Handlungsmöglichkeiten nachhaltig beeinflusst"[4] ohne jedoch anderseits davon

---

[3] Helms, Ludger. Regierungsorganisation und Politische Führung in Deutschland. Wiesbaden: 2005. Verlag für Sozialwissenschaften. S.32-47
[4] Ebd. S.39

determiniert zu sein, sondern sich sogar von den Rahmenbedingungen emanzipieren und diese mitunter prägen zu können. Als politische oder systemische Konstanten führt Helms u.a. historisches Erbe, politisch-kulturelle Grundwerte, parlamentarische Mehrheitsverhältnisse, der institutionellen Beschaffenheit von Ämtern oder „die politische Großwetterlage" auf. Unter Einfluss dieser Faktoren treffen und koordinieren politische Persönlichkeiten Entscheidungen.

Ausgewählter Ansatz für die Analyse der Persönlichkeiten

Die oben geschilderten Ansätze haben die Wichtigkeit der Biographie von Personen für ihre Ansichten, Ideen und Lebenskonzeptionen unterstrichen. Der Vergleich von Konrad Adenauer und Charles de Gaulle wird deshalb vor allem mit Fokus auf die nachstehenden Kategorien erfolgen: Lebensweg und Karriere, kindliche Prägung und gesellschaftliche Sozialisation, Charaktereigenschaften und ethische Grundeinstellungen, Politisches Handeln, der Einstellung und Beurteilung des jeweils anderen Landes unter Berücksichtigung einer Politischen Visionen. Anschließend werden neben persönlichen, in Anlehnung an den interaktionistischen Ansatz, auch strukturelle Gesichtspunkte berücksichtigt, weshalb in einem zweiten Teil die politische Umgebung, des Handlungsspielraums der beiden Politiker – im knappen Überblick – verglichen werden.

Konrad Adenauer und Charles de Gaulle

Die Biographien von Charles de Gaulle und Konrad Adenauer weisen schier unendlich viele beachtenswerte Ereignisse und Eigenheiten auf. Für die Analyse der Persönlichkeiten muss sich diese Arbeit fokussieren auf die Kindheit, die frühen Stationen der Karriere, persönliche und familiäre Rückschläge, sowie den Aufstieg bis in die hohe Regierungsverantwortung[5] der beiden Politiker. Zum Schluss des Kapitels werden die zentralen Erkenntnisse nochmals zusammengefasst und gegenübergestellt.

---

[5] Da Charles de Gaulle zweimal ins Präsidentenamt gelangt, ist die Analyse seines Lebensweges leicht abgeändert.

Konrad Adenauer – Lebensweg und Politische Karriere

Konrad Adenauer wurde am 05. Januar 1876 in Köln als Sohn eines Sekretärs und späteren Kanzleirats am Oberlandesgericht Köln Konrad Adenauer und dessen Ehefrau Helena geboren. Die Lebensumstände der sechsköpfigen Familie Adenauer sind einfach bis dürftig[6], Konrad teilt sich bis ins siebzehnte Lebensjahr das Bett mit seinem Bruder Hans. Eine wichtige Rolle im Alltag der Familie spielt die Religion, die Tage werden mit einem kollektiven Gebet begonnen und beendet[7], der Gottesdienst am Sonntag ist eine Pflicht und wird von Konrad Adenauer zeitlebens wahrgenommen. Nach dem Abitur am Apostelgymnasium mit 18 Jahre beginnt Adenauer eine Banklehre, da sein Vater nicht in der Lage ist, ihm wie seinen beiden älteren Brüdern ein Studium zu finanzieren. Ein halbes Jahr später erwirkt der Vater ein Stipendium. Konrad Adenauer studiert anschließend in Freiburg, München und Bonn Jura und schließt frühestmöglich ab, um seinen Eltern nicht weiter auf der Tasche zu liegen. Seine Studienjahre sind geprägt von Sparsamkeit und Fleiß, außerdem der Liebe zur Natur. Adenauer unternimmt viele Wanderungen, auch Reisen ins west-europäische Ausland: nach Norditalien und in die Schweiz[8].

Obwohl Adenauer selbst ein ruhiges Leben anstrebt[9], führt sein Weg nach Tätigkeiten bei der Staatsanwaltschaft Köln und beim Rechtsanwalt Kausen in die Politik: am 10. Mai 1906 wird Adenauer Beigeordneter der Stadt Köln, am 22. Juli 1909 Erster Beigeordneter, somit Stellvertreter des Kölner Oberbürgermeisters. Bereits 1904 ist Adenauer verheiratet und bald darauf Vater von drei Kindern, seine Frau Emma Weyer stammt aus einer angesehenen Kölner Familie. Zwei Jahre nach dem Ausbruch des ersten Weltkriegs stirbt seine Frau: der erste von vielen Schicksalsschlägen im Leben Adenauers. Ein halbes Jahr später zwingen Adenauer schwere Verletzungen von einem Verkehrsunfall zur Unterbrechung seiner politischen Tätigkeit. Während dieser Zeit wird das Amt des Oberbürgermeisters vakant. Die Mehrheitsfraktion der katholischen Zentrumspartei schlägt Adenauer zum Kandidaten vor und wählt ihn einstimmig. Fortan ist Konrad Adenauer mit 41 Jahren jüngster Oberbürgermeister der Stadt Köln. In der turbulenten Nachkriegszeit stellt er

---

[6] Prittie, Terence. Konrad Adenauer. Vier Epochen deutscher Geschichte. Stuttgart: 1971. Goverts Verlag. S.17
[7] Recker, Marie-Luise. Konrad Adenauer. Leben und Politik. München: 2010. Verlag Beck. S.11
[8] Prittie, Terence. Konrad Adenauer. Stuttgart: 1971. Goverts Verlag. S.22
[9] Poppinga, Anneliese. Konrad Adenauer. Bergisch Gladbach: 1987. Gustav Lübbe Verlag. S.12

seine politischen Fähigkeiten unter Beweis: er verhindert den Konflikt mit Arbeiter- und Soldatenräten durch Kooperation, bleibt dabei selbst „Beauftragter für Ruhe und Ordnung" und bewahrt die Stadt Köln im Gegensatz zu anderen Metropolen vor stärkeren Ausschreitungen.

Im Jahr 1919 schlägt Adenauer die Bildung eines westdeutschen Bundesstaates vor, auch zur Überwindung des deutsch-französischen Gegensatzes, zudem verfolgt er die Idee der Kooperation bei kriegswichtigen Rohstoffen zur Sicherung des dauerhaften Friedens in Westeuropa[10]. Der Vorstoß in diese Richtung wird nicht der letzte bleiben[11], der überzeugte Rheinländer zeichnet sich durch die Prägung wirtschaftlicher Kreise durch eine für damalige Verhältnisse zukunftsweisende Offenheit gegenüber anderen Kulturen aus, bei gleichzeitigem Misstrauen für die Totalität und Autorität des Preußentums[12], was wohl auch in der konflikteichen Beziehung zum Rheinland begründet liegt[13]. Im gleichen Jahr heiratet Adenauer zum zweiten Mal, aus der Ehe gehen vier Kinder hervor. Zudem wird er 1921 Vorsitzender des Preußischen Staatsrates und kandidiert im selben Jahr und 1926 ohne Erfolg für das Amt des Reichskanzlers. Die Wiederwahl zum Oberbürgermeister erfolgt 1929 über eine Stimme Mehrheit. Adenauers Amtszeit als Oberbürgermeister ist gekennzeichnet durch zukunftsträchtige Maßnahmen. Wirtschaftlich beispielsweise durch die Verbesserung der Infrastruktur (z.B. Autobahn Köln-Bonn), den Ausbau der Hafenanlage, sozialpolitisch durch Errichtung von Altenheimen, sogar ökologisch: die beiden Grüngürtel in der Stadt Köln gehen auf Adenauers Idee und Initiative zurück. Der zweite Bruch in Adenauers Karriere erfolgt durch die Machtergreifung Hitlers 1933. Adenauer ist entschiedener Gegner der Nationalsozialisten, bei Besuchen Hitlers und Aktionen der NSDAP verhält er sich unkooperativ und stur, worauf er nach dem Wahlerfolg Hitlers als verleumdet und schließlich als „national unzuverlässig" seines Amts enthoben wird.[14] Eine Flucht aus Deutschland lehnt Adenauer jedoch ab, aus Pflichtbewusstsein gegenüber Familie und Volk. Weitere Tiefpunkte reihen sich in den Folgejahren aneinander: Adenauer und seine Familie werden von den Gestapo drangsaliert[15] und stehen bis Ende des Regimes

---

[10] Ebd. S.19
[11] Recker. Marie-Luise. Konrad Adenauer. Leben und Politik. München: 2010. Verlag Beck. S.15ff
[12] Prittie, Terence. Konrad Adenauer. Stuttgart: 1971. Goverts Verlag. S.25
[13] Schwarz, Hans-Peter. Konrad Adenauer. Stuttgart: 1986. Deutsche Verlags Anstalt. S.23
[14] Ebd. S.21
[15] Osterheld, Horst. Konrad Adenauer. Bonn: 1975. Eichholz Verlag. S.76

unter ständiger Beobachtung. Er wird mehrmals verhaftet, muss immer wieder untertauchen (z.b. im Benediktiner-Kloster Maria-Laach). Das Haus der Familie in Köln wird 1935 zwangsversteigert, Adenauer wird obendrein aus dem Regierungsbezirk Köln verwiesen. Sein Bruder August, erlangt in Verhandlungen, dass Konrad Adenauer ein Teil seiner Pension erhält, zudem ein Grundstück in Rhöndorf erwerben und bebauen darf. Nach dem Stauffenberg-Putschversuch wird Adenauer 1941 erneut verhaftet, nach einem Fluchtversuch verrät seine Frau unter schweren Verhören den Aufenthaltsort ihres Mannes, beide durchstehen in Einzelhaft im Gestapo-Gefängnis bei Köln Monate voll ständiger Todesangst. Gegen Ende des Krieges erfolgt durch glückliche Umstände die Entlassung, die Familie Adenauer bleibt allerdings weiter unter Beobachtung der Gestapo. In dieser Zeit versteckt Adenauer trotzdem im März 1945 fünf flüchtige französische Kriegsgefangene in seinem Weinkeller[16].

Nach Kriegsende ernennen die alliierten Besatzer im Mai 1945 Konrad Adenauer erneut zum Oberbürgermeister von Köln, aufgrund von Unstimmigkeiten in Fragen zur Energieversorgung wird Adenauer jedoch bereits im Oktober wieder aus dem Amt entlassen. Wenig später ist Adenauer an der Gründung der CDU beteiligt, es beginnt sein Aufstieg in der neuen katholisch-konservativen Partei: 1946 ist er Vorsitzender der CDU im britischen Besatzungsteil, dann Fraktionsvorsitzender für Nordrhein-Westfalen und schließlich Präsident der verfassungsgebenden Versammlung der Bundesländer, des Parlamentarischen Rates. Ein halbes Jahr zuvor muss Adenauer einen weiteren persönlichen Schicksalsschlag hinnehmen: seine zweite Ehefrau stirbt an den Folgen von Selbstmordversuchen vor der Haft im Gestapo-Gefängnis. Wie schon nach dem Tod seiner ersten Frau, stürzt sich Adenauer in die Arbeit, das „Narkotikum für sein Leid"[17]. Das von ihm auf Schloss Herrenchiemsee mit entwickelte, deutsche Grundgesetz wird unter ihm als Präsidenten des Parlamentarischen Rates im Mai 1949 verabschiedet und tritt Ende Mai in Kraft.

Den bevorstehenden ersten Wahlen der Bundesrepublik Deutschland sieht Adenauer als Kanzlerkandidat der CDU entgegen; mit einer Stimme Mehrheit wird er mit 73 Jahren zum ersten Kanzler der neuen deutschen Republik. In seiner Regierungserklärung bestimmt er als Richtlinien für die Außenpolitik

---

[16] Poppinga, Anneliese. Konrad Adenauer. Bergisch Gladbach: 1987. Gustav Lübbe Verlag. S.27
[17] Ebd. S.19

unter anderem die Beseitigung der Spaltung Deutschlands, die Überwindung des deutsch-französischen Gegensatzes, die Beteiligung an europäische Einheitsbestrebungen, sowie die friedliche Problemlösung mit östlichen Nachbarstaaten. Vor allen Dingen nach Westen richtet sich Adenauers Hauptaugenmerk, sowohl in Ablehnung des Kommunismus in Zusammenarbeit mit den USA, als auch zum Nachbarstaat Frankreich. Die Freundschaft mit Frankreich bezeichnet er selbst als Angelpunkt[18] seiner Politik. 1950 schlägt Adenauer die Schaffung einer deutsch-französischen Union vor, im selben Jahr wird Adenauer auch zum Bundesvorsitzenden der CDU gewählt. Während der folgenden Jahre verfolgt Konrad Adenauer, zwischenzeitlich in Doppelfunktion als Kanzler und Außenminister, mit allem ihm möglichen Nachdruck diese Richtung: Kooperation in Verteidigungsfragen mit den USA, Weiterentwicklung der Europäischen Einheit, Verfolgung der deutschen Einheit und Aussöhnung mit Frankreich. Die Erfolge seiner Politik bleiben nicht aus: durch sein mutiges aber durchdachtes Auftreten gewinnt er für Deutschland das seiner Meinung nach so wichtige Vertrauen der westlichen Staatengemeinschaft zurück, etabliert die Bundesrepublik als verlässlichen Partner für die Europäische Integration. Sein Hauptaugenmerk gilt der internationalen Politik, dem Ansehen und der Zukunftsträchtigkeit Deutschlands in der Staatenwelt. Die nachfolgenden Wahlen entscheidet Adenauer als Kanzlerkandidat deutlicher für sich und seine Partei, die Wahl 1957 sogar mit absoluter Mehrheit, ein deutliches Zeichen für das Ansehen des Kanzlers in der Bevölkerung und seiner Partei.

Charles de Gaulle – Lebensweg und Politische Karriere

Charles André Joseph Marie de Gaulle kommt am 22. November 1890 als zweites Kind des Lehrers Henri und Jeanne de Gaulle in Paris auf die Welt. Als „arme Leute"[19] bezeichnet de Gaulle selbst seine Familie, kleinbürgerlich und klassisch-humanistisch geprägt, zudem „erzkonservativ, monarchistisch-patriotisch und katholisch"[20]. Früh beschäftigt sich de Gaulle mit der Kultur Deutschlands, erhält Einblicke in die deutsche Geistesgeschichte durch seinen Vater oder lernt als 14-jähriger bei Verwandten im Schwarzwald die „Sprache des Feindes" – die Feindschaft zum deutschen Nachbarn ist für de Gaulle bis über seine Zeit als Major hinaus selbstverständlich. Nach dem Abitur am

---

[18] Interview mit Ernst Friedländer in: „Die Zeit" vom 3.November 1949
[19] Kapferer, Reinhard. Charles de Gaulle. Stuttgart: 1978. Deutsche Verlags-Anstalt GmbH. S.22
[20] Ebd. S.23

Collège Stanislas, schließt de Gaulle mit 21 Jahren die Militärakademie Saint-Cyr ab, „mittelmäßig in allem, ausgenommen die Körpergröße"[21].

De Gaulle tritt als Unterleutnant in die Armee, wird schnell zum Leutnant und 1915 zum Hauptmann befördert. Im ersten Weltkrieg wird de Gaulle dreimal verwundet. Nach der dritten, schweren Verwundung bei Verdun vor Douamont 1916, verbringt er 32 Monate in deutscher Kriegsgefangenschaft, zuletzt bei Ingolstadt. Mehrere Fluchtversuche scheitern, de Gaulle verbessert in der Zeit seine Deutschkenntnisse, verfolgt über Zeitungen den Verlauf des Kriegs und hält darüber Vorträge vor Lagerkollegen. Nach der Entlassung aus der Gefangenschaft unterstützt er 1920 und 1921 mittlerweile als Major die Verteidigung Polens gegen die anrückende Rote Armee. Nach seiner Rückkehr nach Frankreich heiratet de Gaulle Yvonne Vendroux, aus der Ehe gehen drei Kinder hervor, die jüngste Tochter Anne ist von Geburt an mongoloid und verlangt der Familie de Gaulle besonderen menschlichen Einsatz ab[22]. In den folgenden beiden Jahren lehrt de Gaulle als Professor für Militärgeschichte in Saint-Cyr und der Ecole Militaire. 1924 erfolgt die erste von zahlreichen Veröffentlichungen: „La Discorde chez l'Ennemi" in der de Gaulle die deutsche Niederlage unter psychologischer Analyse der Ruhmessucht und der Vernachlässigung des eigenen Volks und dem Leiden der Menschen zuschreibt[23]. Zweimal ist de Gaulle direkt an der Besatzung Deutschlands beteiligt: 1924/25 als Hauptmann im Generalstab der Rheinarmee in Mainz, sowie von 1927 bis 1929 als Major und Bataillonskommandeur in Trier.

Ab 1925 ist de Gaulle zudem im Stab seines vormaligen Regimentskommandeurs in Arras, Marschall Philippe Pétain, zu diesem Zeitpunkt der Vizepräsident des Oberen Kriegsrates. Dieser entwickelt sich in den Folgejahren zum Förderer und Schutzpatron de Gaulles[24], beteiligt ihn an mehreren Missionen im Nahen Osten, beschäftigt ihn als Redenschreiber und beauftragt de Gaulle mit einer pädagogischen Arbeit namens „Le soldat", welche in Buchform schließlich 1938 erscheint. Im Vorfeld entsteht ein Streit, da Pétain die von ihm angestoßenen Schriften unter seinem eigenen Namen veröffentlichen wollte. De Gaulle pocht allerdings unnachgiebig auf seine

---

[21] Ebd. S.19
[22] Angeblich konnte Anne de Gaulle nur einschlafen, wenn ihr Vater sie in den Schlaf sang. Ebd. S.79
[23] Vossen, Frantz. De Gaulle. München: 1963. Piper & Co Verlag. S.32
[24] Weisenfeld, Ernst. Charles de Gaulle. München: 1990. Verlag C.H. Beck. S.14

Autorenrechte, wodurch schließlich das Vertrauen zerbricht[25]. Schon zuvor war de Gaulle nicht zimperlich bei Meinungsverschiedenheiten. In einem Streit über den Ausgang eines Übungsmanövers widersetzt sich de Gaulle Oberst Moyrand, dieser benachrichtigt den Oberbefehlshaber des Militärs: Philippe Pétain, welcher allerdings de Gaulle verteidigt[26].

Der Karriere de Gaulles tut sein nachdrückliches und häufig als arrogant und schroff beschriebenes Auftreten keinen Abbruch. Schon in der Militärschule schlägt ihm jedoch immer wieder Hohn entgegen. Einerseits für sein Auftreten, andererseits für seine oft unkonventionellen Ansichten, welche sich jedoch häufig als realistische Einschätzung erweisen. Von 1932 bis 1937 arbeitet de Gaulle im „Generalsekretariat für Landesverteidigung" und erweitert seine militärischen Erfahrungen und Einblicke um politische, technische und administrative Aspekte. Während dieser fünf Jahre ist de Gaulle 14 aufeinanderfolgenden Ministern unterstellt, die teils chaotischen Bedingungen unterstreichen de Gaulles Abneigung gegenüber Parlamentarismus und demokratischen Prozessen. Auch sein zweites Buch mit dem Titel „Au fil de l'epée" das 1932 erscheint, vor allem aber „Vers l'armée de metier" von 1934 erntet in hohen Politik- und Militärkreisen Spott und Unverständnis. Vor allem in dem „Die Stoßarmee" übersetzten Buch, kritisiert de Gaulle die französische Sicherheits- und Militärpolitik vor dem Hintergrund der internationalen Entwicklungen und fordert eine Verlagerung der technischen und operativen Schwerpunkte zum flexiblen Bewegungskrieg unter Einsatz von Panzerdivisionen. Der Ablehnung seiner Ideen (nur 750 verkaufte Exemplare in Frankreich) steht fatalerweise Interesse in Deutschland[27] und Russland gegenüber, die Feinde schätzen sowohl die fortschrittlich-militärischen Überlegungen, als auch die indirekte Auskunft über die Verfassung der französischen Armee. Nur wenige Politiker unterstützen Oberst (seit 1933) de Gaulles Vorschläge, unter ihnen die beiden späteren Ministerpräsidenten Léon Blum und Paul Reynard. Erst nach dem Einmarsch der Wehrmacht ins Rheinland 1936, wird de Gaulle 1937 Kommandeur eines Panzerregiments, zwei Jahre später Kommandeur der Panzer der 5.ten Armee und Brigadegeneral, schließlich Unterstaatssekretär im Kriegsministerium von Paul Reynard. Während der turbulenten Auflösung des französischen Staates weigert

---

[25] Kapferer, Reinhard. Charles de Gaulle. Stuttgart: 1978. Deutsche Verlags-Anstalt GmbH. S.73
[26] Barning, Arnulf. Tautil, Christian. Charles de Gaulle. Berlin: 1963. Kiepenheuer & Witsch. S.18
[27] Unter anderem beim Chef der Panzerdivision der Deutschen Wehrmacht Guderian. Siehe: Ebd. S.20

sich de Gaulle dem Waffenstillstand einzuwilligen, ruft von London in Radioansprachen zum Widerstand gegen die deutschen Besatzer auf und wird daraufhin ausgebürgert und in Abwesenheit zum Tode verurteilt. Winston Churchill ernennt ihn nach Frankreichs Kapitulation zum „Chef der Freien Franzosen" was de Gaulle dazu animiert sich in den folgenden Kriegsjahren als eigentlicher Souverän Frankreichs[28] zu verstehen, was jedoch von den Alliierten nicht anerkannt wird und zahlreiche Konflikte, vor allem mit Churchill[29], hervorruft. De Gaulle selbst, unumstößlich von seiner Rolle überzeugt, bildet in London das „Comité francais de libération nationale", das er später nach Übersiedlung nach Algerien in eine Exilregierung verwandelt. Zudem steht er in Kontakt zu Réstistance-Gruppen, welche in ihm den Führer des Widerstands sehen[30].

Im August 1944 zieht er als Sieger in das befreite Paris ein und lanciert die Bildung einer neuen Regierung. Erste außenpolitische Amtshandlung des Generals im November 1944: ein Beistandspakt mit der Sowjetunion, sehr zum Missfallen der westlichen Alliierten. 1945 wird de Gaulle schließlich einstimmig zum Präsidenten der provisorischen Regierung der Republik ernannt. Bereits fünf Tage später droht er aufgrund von Konflikten mit den Parteien mit seinem Rücktritt, den er im Jahre 1946 resigniert auch vollzieht. 1947 gründet de Gaulle die Partei „Rassamblement du Peuple Francais" RPF mit der er bis 1952 einige Achtungserfolge, jedoch nicht die erzielte Regierungsverantwortung erreicht und sich schließlich auf seinen Landsitz nach Colombey-les-deux-Eglises in Lothringen zurückzieht.

Gemeinsamkeiten und Unterschiede

Die Biographien von Adenauer und de Gaulle weisen Unterschiede, aber auch grundlegende Parallelen auf. Im folgenden Überblick werden zentrale Übereinstimmungen und Unterschiede, auf Basis der oben aufgeführten Karriere- und Lebenswege, aufgelistet. Zudem wird das jeweilige Verhältnis zum Nachbarland betrachtet.

---

[28] Kapferer, Reinhard. Charles de Gaulle. Stuttgart: 1978. Deutsche Verlags-Anstalt GmbH. S.111
[29] Vossen, Frantz. De Gaulle. München: 1963. Piper & Co Verlag. S.54
[30] Weisenfeld, Ernst. Charles de Gaulle. München: 1990. Verlag C.H. Beck. S.16

Biographie und Karriere

Begonnen mit der Kindheit und Sozialisation im einfachen Bürgertum, stark geprägt durch klassische Werte gesellschaftlicher Aufsteiger: Fleiß, Pflichtbewusstsein, Sparsamkeit und einer eher autoritären Vorstellung von Führung und Hierarchie[31]. Die katholische Religion spielt in beiden Elternhäusern eine große Rolle, was sowohl Adenauer als auch de Gaulle zeitlebens als wichtig empfinden. Ihr gesellschaftlicher Aufstieg zeichnet sich durch Willenskraft (gegen zahlreiche, teils tragische Rückschläge), hohe Einsatzbereitschaft und Unbeirrbarkeit bezüglich der eigenen Fähigkeiten und Ideen aus. Grundlage für den Karriereweg sind wohl auch ihre asketischen Lebensauffassungen: weder Adenauer noch de Gaulle waren als Raucher, übermäßige Esser oder Trinker bekannt. Sie sind keine Lebemänner oder Diven sondern führen ein klassisch konservatives und aufrichtiges Familienleben. Ihre Karrierewege nehmen nicht immer die einfachsten Bahnen, beide starten in eigentlich politikfremden Bereichen und sammelten, auch unter Mithilfe von Förderern, auf den einzelnen Stufen ihrer Karriere durch pragmatisches und häufig weit vorausschauendes Handeln, bei realistischen Einschätzungen ihre Erfahrungen. Interessanterweise waren beide eher mittelmäßige Schüler, erst im Dienst einer höher gestellten, vor allem die Gesellschaft oder das Volk betreffenden Sache, wachsen Adenauer und de Gaulle über sich hinaus. Die Erlebnisse der beiden Weltkriege und der politischen Unruhen während der 20er Jahre und im Zusammenhang mit dem Nationalismus und Bolschewismus hinterlassen starke Spuren: die Ablehnung von Ideologien, das Misstrauen gegenüber Parteien und parlamentarischen Prozessen, sowie eine historische Weitsicht. Deutliche Unterschiede sind beispielsweise ihr Verhältnis zum Militär: General de Gaulle, war maßgeblich in Erfahrung und Identität geprägt von seinem Leben in und für die französische Armee, an beiden Weltkriegen beteiligt. Auf der anderen Seite Konrad Adenauer, aufgrund einer schwachen Lunge für untauglich befunden und nie als Soldat im Krieg gewesen, grundsätzlich Kriegen und gewaltsamen Konflikten abgeneigt. Womöglich sind die extremen Erfahrungen de Gaulles in den Militärakademien und während der Kriege auch für seinen zeitweilig sehr ausgeprägten Patriotismus verantwortlich: seine Vorstellungen von Frankreich als Grande Nation[32], sowie die Abneigung

---

[31] U.a. bei Helms, Ludger. Regierungsorganisation und Politische Führung in Deutschland. Wiesbaden: 2005. Verlag für Sozialwissenschaften. S.110

[32] U.a. bei Ziebura, Gilbert. Die deutsch-französischen Beziehungen seit 1945. Stuttgart: 1997. Verlag Neske. S.46

gegen Deutschland und vor allem Preußen. Adenauer war in diesem Sinne keinesfalls Patriot oder Nationalist, was sich auch klar in seiner Ablehnung des Nationalsozialismus und dem Misstrauen gegenüber der preußischen Militärdiktatur zeigt. Adenauer dachte, wie sich in zahlreichen Überlegungen zu deutsch-französischen Kooperationen[33] und seinen wirtschaftlichen Vorstellungen zur Zusammenarbeit von Nationen[34] zeigte, bereits in frühen Jahren konstant sehr europäisch[35] und somit zukunftsträchtig. Eine weitere biographische Übereinstimmung: sowohl Adenauer (in Maria-Laach) als auch de Gaulle (Colombey-les-deux-Églises) ziehen sich beide zwischenzeitlich vom politischen Geschäft zurück, richten sich dabei gewissermaßen konzeptionell neu aus. Zudem müssen beide im Laufe ihres Lebens einige schwere Rückschläge hinnehmen[36].

Charakter und Grundeinstellungen

Die Charaktere spiegeln sich bereits im oben beschriebenen Karriereweg wider, darum erfolgt an dieser Stelle lediglich eine kurze Auflistung wichtiger Attribute. Adenauer und de Gaulle zeichneten sich durch eine konservative und katholische Basis aus. Bei beiden findet sich grundsätzliche Warmherzigkeit und Pflichtbewusstsein gegenüber „den Menschen", bei gleichzeitigem Misstrauen gegenüber Massen und großen Gruppen. Sie sind grundsätzlich genügsam bezüglich weltlicher Güter und asketisch. Gleichzeitig begleitet beide der häufige Vorwurf der Arroganz[37] und des teilweisen Hochmuts, bei de Gaulle stärker als bei Adenauer. Eine gewisse Distanziertheit und Unnahbarkeit wird Adenauer, vor allem auch de Gaulle[38] attestiert, sie gelten zudem zu Studienzeiten und auch später noch eher als Einzelgänger. Interessanterweise begründet Adenauer selbst den Hang zu einsamen Entscheidungen de Gaulles mit Verweis auf die zahlreichen Rückschläge in de Gaulles Leben[39] – diese Art Begründung könnte genauso auf ihn selbst angewendet werden, galt er doch als „Kanzler der einsamen Beschlüsse". Eine weitere Parallele stellt die politische

---

[33] Weidenfeld, Werner. In: Sternburg von, Wilhelm. (Hrsg.). Die deutschen Kanzler. Frankfurt am Main: 1994. Fischer Taschenbuchverlag. S.381
[34] Möller, Horst. In: Wirsching Andreas (Hrsg.). Aufklärung und Demokratie. München: 2003. Oldenbourg Verlag. S.318
[35] Weidenfeld, Werner. Konrad Adenauer und Europa. Bonn: 1976. Europa Verlag. S.208
[36] Weisenfeld, Ernst. Charles de Gaulle. München: 1990. Verlag C.H. Beck. S.137
[37] Ziebura, Gilbert. Die deutsch-französischen Beziehungen seit 1945. Stuttgart: 1997. Verlag Neske. S.145
[38] Gaffney, John. Political Leadership in France. London: 2010. Palgrave Macmillan. S.29
[39] Weisenfeld, Ernst. Charles de Gaulle. München: 1990. Verlag C.H. Beck. S.94

Praxis dar: sowohl Adenauer[40] als auch de Gaulle[41] werden von Gegnern als gewiefte Machtpolitiker bezeichnet, von Fürsprechern für ihr taktisches Verständnis und die Fähigkeit, auch in komplexen Situationen Überblick und Entscheidungsfähigkeit zu behalten, angesehen. Grundlage für ihren Erfolg ist bedingungsloser Einsatz, Arbeitseifer und Wille den eigenen Weg nach den eigenen Vorstellungen zu bestreiten und dabei einem höher geordneten Ziel bzw. einer Vision zu dienen. Beide hatten auch den Mut für ihre Ansichten einzustehen, Adenauer bezeichnete diesen auch selbst als eine der wichtigsten Eigenschaften eines Politikers.

Verhältnis zum Nachbarland

Das Verhältnis Charles de Gaulles zu Deutschland ist differenziert zu betrachten, gleichsam geprägt von „Bewunderung und Furcht"[42]. In frühen Lebensjahren galt de Gaulle der deutsche Nachbar schlicht als „der Feind". Trotzdem schätzte de Gaulle viele Züge der deutschen Kultur, die deutsche Geistesgeschichte und sogar mit fortschreitendem Leben, deutsche Politiker wie beispielsweise Otto von Bismarck[43]. Im Gegensatz zum plumpen und absoluten Nationalismus des Naziregimes, war die Feindschaft und gleichzeitige Anerkennung Deutschlands für de Gaulle möglich, denn er unterschied dabei aktuelle politische Vorgänge bzw. Führungen, von der historischen Kategorie der Nation[44]. Konrad Adenauer lehnte Nationalismus und politischen Extremismus, sowie Gewalt generell, strikt ab. Er sah im französischen Nachbarn einen möglichen Kooperationspartner, sowohl für eine rheinischen, als auch einen westeuropäischen Staat, betonte häufig die Wichtigkeit des Verhältnisses und blickte dabei lieber in eine Zukunft friedlicher Koexistenz oder Kooperation, als in die konflikt-trächtige Vergangenheit. Den Versailler Vertrag lehnte Adenauer 1922 dementsprechend aus politischen und ethischen Gründen entschieden ab[45]. Nach Ende des zweiten Weltkrieges ist die Aussöhnung mit dem Nachbarstaat eines der Hauptziele Adenauers – aus Demut gegenüber den Greueltaten des Weltkrieges, jedoch auch, weil Adenauer fest

---

[40] Weidenfeld, Werner. In: Sternburg von, Wilhelm. (Hrsg.). Die deutschen Kanzler. Frankfurt am Main: 1994. Fischer Taschenbuchverlag. S.375 ff.
[41] Weisenfeld, Ernst. Charles de Gaulle. München: 1990. Verlag C.H. Beck. S.129
[42] Loth, Wilfried. In: Picht, Robert. Loth, Wilfried. (Hrsg.). De Gaulle, Deutschland und Europa. Stuttgart: 1991. Opladen. S.10
[43] Schunk, Peter. In: Picht, Robert. Loth, Wilfried. (Hrsg.). De Gaulle, Deutschland und Europa. Stuttgart: 1991. Opladen. S.23
[44] In dieser Form sah de Gaulle auch die UDSSR: sie war eine Übergangsform des historischen Russlands
[45] Poppinga, Anneliese. Konrad Adenauer. Bergisch Gladbach: 1987. Gustav Lübbe Verlag. S.22

davon überzeugt ist, dass Friede und Erfolg in Westeuropa maßgeblich vom Verhältnis der beiden Nationen abhängt[46]. Diese Ansicht teilt nach dem Ende des zweiten Weltkrieges auch Charles de Gaulle[47], welcher sich bereits in seiner ersten Amtszeit als Übergangspräsident gegen weitere Demütigungen Deutschlands ausspricht und dabei wiederholt in direkten Ansprachen kurz nach Kriegsende in Deutschland die Gemeinsamkeiten unter Europäern betont[48]. Davor schlug er jedoch in einem Plan die Zerschlagung und Aufteilung Deutschlands vor[49]. Verschiedene Erfahrungen im zerstörten Nachkriegsdeutschland, sowie die Entwicklung der Bundesrepublik einerseits und des angehenden Ost-West-Konflikts andererseits, ließen ihn bereits zu Beginn der 50er Jahre auch für eine Französisch-Deutsche-Union eintreten. In seinen Plänen für ein vereintes Europa sieht de Gaulle auch bereits 1949 einen Platz für Deutschland – im Gegensatz zu England[50].

Politischer Vergleich

Die politische Umgebung von Adenauer und de Gaulle unterschied sich stark, vor allem bezüglich des institutionellen Rahmens. Die Politiker Adenauer und de Gaulle sind im Verhältnis zu diesem Rahmen zu begreifen. Zum Verständnis des Ergebnisses von den Plänen zur Politischen Union über die Fouchet-Verhandlungen bis zum Deutsch-Französischen-Freundschaftsvertrag werden die innen- und außenpolitischen Situation, sowie den europapolitischen Vorstellungen kurz skizziert. Für einen vollständigen Vergleich der beiden Politiker und Regierungssysteme fehlt an dieser Stelle der Raum, deshalb wird nur auf einige wenige eingegangen.

Institutionelle Rolle

Als Präsident war Charles de Gaulle Staatsoberhaupt der semi-präsidentiellen Demokratie Frankreich mit größeren Kompetenzen ausgestattet als

---

[46] „Der deutsch-französische Gegensatz, der Hunderte von Jahren die europäische Politik beherrscht und zu so manchen Kriegen [...] Anlass gegeben hat, muss aus der Welt geschaffen werden" so Konrad Adenauer in seiner ersten Regierungserklärung vom 20.09.1949
[47] De Gaulle, Charles. In: Schunk, Peter. In: Picht, Robert. Loth, Wilfried. (Hrsg.). De Gaulle, Deutschland und Europa. Stuttgart: 1991. Opladen. S.35
[48] Schunk, Peter. In: Picht, Robert. Loth, Wilfried. (Hrsg.). De Gaulle, Deutschland und Europa. Stuttgart: 1991. Opladen. S.34
[49] Ebd. S.32
[50] Ebd. S.38

Bundeskanzler Konrad Adenauer in der parlamentarischen Bundesrepublik[51]. Da der Bundeskanzler von der Mehrheit des Bundestages gewählt werden muss, spielt seine Stellung in der Partei eine wichtige Rolle. Alle Bundeskanzler, mit Ausnahme Helmut Schmidts, waren gleichzeitig über einen gewissen Zeitraum Parteivorsitzende (Adenauer von 1950-1963) und verfügten während dieser Zeit, logischerweise über einen größeren Handlungsspielraum. Für Konrad Adenauer war die Wahl 1957 die erfolgreichste, CDU/CSU erzielten die absolute Mehrheit. In der darauffolgenden Wahl 1961 viel das Ergebnis schlechter aus: CDU/CSU koalierte daraufhin mit der FDP. Adenauer blieb zwar Kanzler, sollte jedoch während der Legislaturperiode abtreten. Das außenpolitische Geschäft war in besonderem Maße, auch durch das zwischenzeitliche Doppelamt als Kanzler und Außenminister, das Gebiet des Kanzlers Konrad Adenauers, hier feierte er seine größten Erfolge in der Rückgewinnung des Vertrauens und der Souveränität für Deutschland, der Einbindung in die westliche Welt und die europäische Integration und die Aussöhnung mit Frankreich. Dabei vernachlässigte er jedoch nicht innenpolitische Belange und das tagespolitische Geschäft[52]. Die Richtlinienkompetenz wurde von Adenauer dabei in starkem Maße genutzt um auf die Umsetzung seiner Vorstellungen Einfluss zu nehmen, vor allen Dingen im Zusammenhang mit der europäischen Integration[53]. Durch zahlreiche informellen Gespräche mit Entscheidungsträgern und Einflussgruppen (und dem erfolgreichen Ausspielen der einzelnen Interessengruppen gegeneinander) und durch geschickte Interviews verschaffte sich Konrad Adenauer Handlungsspielraum und Durchsetzungsmacht[54]. Die "Legende der einsamen Beschlüsse"[55] scheint gerade aufgrund der strategischen Einbeziehung anderer Beteiligter nicht haltbar. Trotzdem gilt Konrad Adenauer in der Rückschau als der wohl mächtigste deutsche Kanzler: aufgrund der eingeschränkten Rolle der Kabinettsminister[56], seiner unbestrittene Leaderrolle in der Außenpolitik kann er als eigentlicher Initiator und treibende Kraft aller politischer Entscheidungen gesehen werden[57].

---

[51] Die Eigenheiten des Vergleichs der beiden Regierungssysteme und Entscheidungsträger findet man zum Beispiel bei: Helms, Ludger. In: Zimmer, Annette. Jankowitsch, Regina (Hrsg.). Political Leadership. Brüssel/München: 2008. Polisphere. S.16-37

[52] Hartmann, Jürgen. Persönlichkeit und Politik. Wiesbaden: 2007. Verlag für Sozialwissenschaften. S.49
[53] Siehe dazu u.a.: Weidenfeld, Werner. Konrad Adenauer und Europa. Bonn: 1976. Europa Union Verlag. S.217
[54] Ebd. S.218
[55] Ebd. S.218
[56] Helms, Ludger. Regierungsorganisation und Politische Führung in Deutschland. Wiesbaden: 2005. Verlag für Sozialwissenschaften. S.110
[57] Ebd. S.112

Die Situation in Frankreich war aufgrund zahlreicher Umstände ungleich turbulenter. Charles de Gaulle wurde nach einem Militärputsch in der französischen Kolonie Algerien von der Regierung der vierten Republik gebeten, das Regierungsgeschäft zu übernehmen, was auch einer Forderung der Putschisten entsprach[58]. Von einem Wahlkollegium bestehend aus Mitgliedern des Parlaments und verschiedenen Vertretern der lokalen Mandatsträger wurde de Gaulle ins Amt gewählt, auf Grundlage seiner Bedingungen: die Revision der bestehenden und Schaffung einer neuen Verfassung als präsidentielles Regierungssystem, sowie die Wahl eines neuen Parlaments. Die darauf folgende Verfassung stattet den Präsidenten der V.ten Republik mit umfangreichen Rechten aus. Charles de Gaulle stieß mit der folgenden innen- und außenpolitischen Neuausrichtung der Politik inklusive der politischen Reformen und Praktiken, welche schon zuvor in der Partei "Rassamblement du Peuple Francais" zu erkennen war, die Ära des Gaullismus an [59]. Die Politik dieser Ära hatte de Gaulle zum absoluten Zentrum, der Einfluss de Gaulles erstreckte sich in nahezu alle Politikbereiche[60], wobei de Gaulle die Meinung des Volkes über den geschickten Einsatz der Medien (wie schon während seiner Zeit im Widerstand in London) zu integrieren und für sich zu nutzen wusste[61].

Innenpolitische Situation

Grundsätzlich war Adenauer[62], wie de Gaulle auch, aufgrund Erfahrungen des Parlamentarismus in den 1920 und 1930er Jahren, Parteien gegenüber eher misstrauisch eingestellt. Daraus folgerte Adenauer jedoch die Wichtigkeit einer großen Volkspartei, welche Integrationsleistung übernahm[63]. Da diese Union in den Jahren 1953 bis 1961 in Alleinherrschaft regierte, war die Machtposition Adenauers innerhalb der Union ein zentraler Aspekt seiner politischen Handlungsfähigkeit. Die Führungsrolle Adenauers innerhalb der Union nahm zum Ende seiner Regierungszeit ab. Der Konflikt von Atlantikern (z.B. Wirtschaftsminister und Kandidat für die Nachfolge Adenauers Erhard oder Außenminister Schröder) und Gaullisten (z.B. Verteidigungsminister Strauß,

---

[58] Hartmann, Jürgen. Persönlichkeit und Politik. Wiesbaden: 2007. Verlag für Sozialwissenschaften. S.111
[59] Information der Bundeszentrale für Politische Bildung: http://www.bpb.de/popup/popup_lemmata.html?guid=N6V9Z5
[60] Gaffney, John. Political Leadership in France. London: 2010. Palgrave Macmillan. S.6
[61] Ebd. S.8
[62] Weidenfeld, Werner. In: Sternburg von, Wilhelm. (Hrsg.). Die deutschen Kanzler. Frankfurt am Main: 1994. Fischer Taschenbuchverlag. S.381
[63] Ebd. S.381

dem 1962 die Spiegel-Affäre zum Verhängnis wurde) hatte die Ausrichtung der Sicherheitspolitik zum Inhalt, somit hohe Bedeutung für das Verhältnis zu Frankreich. In Adenauers letzten Regierungsjahren verringerte sich die Handlungsmacht des Kanzlers[64] neben den innerparteilichen Konflikten auch durch die Koalition mit der FDP. Wie wichtig und tiefgreifend der Einfluss Adenauers in der CDU/CSU war kann an dieser Stelle nicht dargelegt werden, wohl aber geht daraus hervor, dass die Machtposition durch die Koalition und den bevorstehenden Machtwechsel beeinträchtigt wurde, was allerdings angesichts des Alters des mittlerweile 87-jährigen "Uralten Deutschen" auch wenig verwunderlich ist.

Charles de Gaulle hatte sich das Präsidentenamt nach seinen Vorstellungen quasi selbst geschaffen[65] und war so aufgrund der außerordentlichen Umstände und seiner historischen Rolle in Frankreich mit zahlreichen formellen und informellen Sondervollmachten ausgestattet. Die größten innenpolitischen Herausforderungen zu Beginn der V.ten Republik waren: der Algerien-Konflikt, Wirtschafts- und Währungsprobleme, sowie die von de Gaulle vorgesehenen politischen und verfassungsrechtlichen Reformen[66]. Letztere stellten eine entscheidende Weichenstellung in de Gaulles Vorhaben dar, Frankreich als handlungsfähige und international ernstzunehmende Nation zu etablieren. Das Ergebnis viel dementsprechend strikt aus: ein Herrschaftssystem mit teilweise autoritären Zügen, in dem der Zirkel um den Präsidenten de Gaulle auf allen Ebenen an Macht gewann, zu Ungunsten des Parlaments[67]. Vor allem in Fragen der Außenpolitik lag die Macht "ausschließlich beim General" [68] de Gaulle. Die Verfassungs- und Regierungsreform wurde durch die gewonnenen Parlamentswahlen im November 1958 auch durch das Volk legitimiert, im Parlament herrschten fortan eindeutige Mehrheiten zu Gunsten de Gaulles[69]. Auf deutscher Seite wurde diese offensichtliche Stabilisierung der Regierungssituation allgemein begrüßt [70]. Durch die historisch eng mit der Armee verknüpfte Rolle de Gaulles, gestaltete sich die Lösung in der Algerien-

---

[64] Hartmann, Jürgen. Persönlichkeit und Politik. Wiesbaden: 2007. Verlag für Sozialwissenschaften. S.51
[65] Ebd. S.110
[66] Schwarz, Hans-Peter. In: Jansen, Thomas. Mahncke, Dieter (Hrsg.). Persönlichkeiten der europäischen Integration. Bonn: 1981. Europa Union Verlag. S.162
[67] Lappenküper, Ulrich. Die deutsch-französischen Beziehungen 1949 – 1963. München: 2001. Oldenbourg Verlag. S.1253
[68] Ebd. S.1254
[69] Ebd. S.1254
[70] Siehe z.B. Siehe dazu: Weidenfeld, Werner. In: Jansen, Thomas. Mahncke, Dieter (Hrsg.). Persönlichkeiten der europäischen Integration. Bonn: 1981. Europa Union Verlag. S.306

Frage zur zwingendsten und kritischsten Aufgabe. Schon vor seinem Amtsantritt war de Gaulle davon überzeugt von der Unhaltbarkeit der algerischen Kolonie, deren Unabhängigkeitsbestreben er fortan unterstützte, unter zahlreichen Beweisen seiner polit-taktischen Fähigkeiten ("J'ai compris"![71]). Die Führungsrolle de Gaulles wurde ab 1962 durch die Zusammenarbeit mit der Regierung Pompidou zusätzlich gestärkt[72].

Außenpolitische Interessen

Die Überzeugung der Wichtigkeit einer deutsch-französischen Aussöhnung und vertieften Kooperation Adenauers und de Gaulles, hatte zahlreiche Facetten. Nachdem im Vorfeld der Fokus auf die persönliche Basis gestellt wurde, soll an dieser Stelle ein knapper Überblick der jeweiligen Positionen im internationalen Geflecht von Interessen und Situationen gegeben werden. Adenauers Hauptinteressen waren zweifelsohne die Wiedererlangung des internationalen Vertrauens für die Bundesrepublik Deutschland und auf Basis dessen, die volle Souveränität, Handlungsfähigkeit und Freiheit eingebettet in Europa und die westliche Welt. Mitunter das größte Anliegen Adenauers und deutscher Politik war natürlich die Wiedervereinigung, welche nur möglich war, sofern die europäischen Staaten, allen voran auch Frankreich, dem Vorhaben keine Steine in den Weg legten. Als große Gefahren sah Adenauer den „Alpdruck von Potsdam"[73] – eine Einigung der Siegermächte auf Kosten Deutschlands, zudem die sich aggressiv und expansiv gebarende UDSSR allgemein. Ähnliche Bedenken werden auf Seite de Gaulles mit dem Begriff „Jalta-Komplex" zum Ausdruck gebracht: de Gaulle befürchtete die Degradierung Frankreichs zu einem Objekt der Großmächte, wie auf den Konferenzen der Koalition gegen Hitler der USA, Großbritannien und UDSSR zum Ende des zweiten Weltkriegs[74]. Adenauers (nicht unbegründete[75]) Skepsis gegenüber den zwei Arten der Politik Frankreichs, vor allem auch de Gaulles[76] bezüglich der UDSSR, hatte in den Bedenken de Gaulles einen Gegenpart, nach der die starke Anlehnung Deutschlands an die USA und Großbritannien die internationale und europäische Rolle Frankreichs empfindlich schwächen könnte.

---

[71] Ausspruch de Gaulles auf einer Pressekonferenz in Algerien, welche beide Parteien als Signal für ihre Belange auslegen konnten, so gewann de Gaulle Zeit.
[72] Gaffney, John. Political Leadership in France. London: 2010. Palgrave Macmillan. S.59
[73] Weidenfeld, Werner. In: Sternburg von, Wilhelm. (Hrsg.). Die deutschen Kanzler. Frankfurt am Main: 1994. Fischer Taschenbuchverlag. S.381
[74] Geiger, Tim. Atlantiker gegen Gaullisten. München: 2008. Oldenbourg Verlag. S.39
[75] Ziebura, Gilbert. Die deutsch-französischen Beziehungen seit 1945. Stuttgart: 1997. Verlag Neske. S.52
[76] Siehe dazu: Weidenfeld, Werner. In: Jansen, Thomas. Mahncke, Dieter (Hrsg.). Persönlichkeiten der europäischen Integration. Bonn: 1981. Europa Union Verlag. S.305

Die Stellungen zur UDSSR und USA unterschieden sich grundlegend[77] und gaben wiederholt Anlass zu Klärung oder Debatte. Für Adenauer war Deutschland auf die USA als Schutzmacht gegenüber der UDSSR angewiesen, letztere betrachtete Adenauer als ernsthafte Gefahr[78]. De Gaulle hingegen hatte Interesse an der Minderung des Diktats von USA und Großbritannien, um selbst in Westeuropa Führung übernehmen zu können. Gleichzeitig sah de Gaulle in der Rolle des Vermittlers zwischen „Rußland, heute Sowjetunion"[79] und westlicher Welt die Möglichkeit seinen politischen Einfluss zu erhöhen, sehr zum Misstrauen Adenauers, sowie der gesamten CDU/CSU. Die engere Bindung an de Gaulle bedeutete für Adenauer in dieser Hinsicht auch einen tieferen Einblick und möglichen Intervention im Fall von gefürchteter Bündnispolitik zwischen Frankreich und der UDSSR.

De Gaulles Idee von der Rolle Frankreichs als „Grandeur"[80] wird nicht ohne Grund häufig als verkappte Großmachtpolitik[81] bezeichnet, in dessen Tradition die Bestrebungen um die „Force de Frappe", der häufig geäußerte Führungsanspruch in Westeuropa[82], sowie das taktische Verhältnis zur NATO und der letztendliche Ausstieg, stehen. Die führende Rolle Frankreichs in Westeuropa war grundlegend um dem „Kondominium der Supermächte zu entfliehen"[83]. Um diese Rolle spielen zu können war die deutsch-französische Kooperation zentral und vielleicht wichtiger als die westeuropäische Gemeinschaft. Auf den Punkt gebracht: Europa hatte sich nach de Gaulles Primärzielen zu richten, nämlich der Sicherung und Durchsetzung französischer Interessen[84]. Aus dieser Perspektive ist auch de Gaulles Umgestaltung zur V.ten Republik zu verstehen. Um führen zu können musste Frankreich ein moralisch, politisch und wirtschaftlich wiedererstarkender Nationalstaat sein[85]. An der Unumstößlichkeit der Kategorie „Nation" war de Gaulle (im Gegensatz zu Adenauer) als fortdauernde geschichtliche Kraft[86] vollkommen überzeugt, was

---

[77] Ziebura, Gilbert. Die deutsch-französischen Beziehungen seit 1945. Stuttgart: 1997. Verlag Neske. S.138
[78] Ebd. S.90
[79] Weisenfeld, Ernst. Charles de Gaulle. München: 1990. Verlag C.H. Beck. S.54
[80] Ebd. S.127
[81] Schwarz. Hans-Peter. In: Picht, Robert. Loth, Wilfried. (Hrsg.). De Gaulle, Deutschland und Europa. Stuttgart: 1991. Opladen. S.171
[82] Ebd. S.163 ff.
[83] Conze, Eckhard. Die gaullistische Herausforderung. München: 1995. Oldenbourg Verlag. S.76
[84] Schwarz, Hans-Peter. In: Jansen, Thomas. Mahncke, Dieter (Hrsg.). Persönlichkeiten der europäischen Integration. Bonn: 1981. Europa Union Verlag. S.154
[85] Ebd. S.155
[86] Weisenfeld, Ernst. Charles de Gaulle. München: 1990. Verlag C.H. Beck. S.27

auch das Misstrauen gegenüber der supranationalen europäischen Integration erklärt.

Europapolitische Vorstellungen

Die spektakulärste Komponente von de Gaulles Europapolitik ist gewiss die damals ungewöhnliche regionale Gestalt „vom Atlantik bis zum Ural". Das Konzept de Gaulles bezüglich Europa sah Frankreich in der Führungsrolle eines geeinten Westeuropas, das lieber langfristig unter Beteiligung der osteuropäischen Staaten, als mittelfristig mit Anschluss Großbritanniens zustande kommen sollte. Die Überlegungen sind nur unter Rückgriff auf de Gaulles Verständnis von Nationen zu erklären. De Gaulle war überzeugt, dass die Kraft der Nationen zum Beispiel die Sowjetunion auflösen wird, da Nationen stärker seien als Ideologien[87]. Der Weg über die Staaten zur europäischen Einigung war für de Gaulle der einzig praktikable, da es nicht möglich sei, Nationen einer ausländischen Mehrheit zu unterwerfen – es fehlte schlicht der Einiger[88], der entscheidende Souverän. Ein weiterer einfacher Grund: die Unterordnung Frankreichs unter europäischen Interessen war für jemanden mit der Gaulles Vorstellungen von einer französischen Großmacht nicht denkbar. Die generelle Ablehnung der europäischen Integration vor der V.ten Republik veranlasste viele Politiker bei Amtsantritt de Gaulles 1958 zur Annahme, er würde die bis dato geschehenen Vorgänge (v.a. die Römischen Verträge) und Institutionen rückgängig machen – was er jedoch nicht tat. Eine zentrale Komponente de Gaulle'scher Europapolitik waren Fragen der Sicherheit: Europa musste sich selbst verteidigen können[89]. Die „Force de Frappe" war grundlegend für de Gaulles geplante Führungsrolle Frankreichs als alleinige Atommacht in Westeuropa, weshalb der vor seiner Amtszeit angestrebte nukleare Dreiecksplan (Frankreich, Deutschland, Italien) keine weitere Beachtung fand. Die Wichtigkeit der europäischen Zusammenarbeit, nicht nur auf wirtschaftlicher Ebene, war de Gaulle bewusst, allem voran auch als Möglichkeit das potentiell gefährliche Deutschland fest an Frankreich und in Westeuropa einzubinden. Vor allen Dingen aus der dauerhaften Kooperation mit Deutschland, versprach sich de Gaulle die mittelfristige Etablierung Westeuropas (langfristig: Gesamteuropas) zum dritten Mitspieler im Konzert der Großmächte USA und UDSSR. Gleichzeitig gibt es Grund zur Annahme, dass

---

[87] Ebd. S.75
[88] Ebd. S.47
[89] Ebd. S.49

de Gaulle ein geeinigtes Europa nur als Vehikel für Frankreichs Aufstieg in den Zirkel der Großmächte (bzw. Unabhängigkeit von USA[90]) betrachtete und keine Einbindung in Europa geduldet hätte, solange Hoffnungen bestanden in Europa und der Welt erneut Großmachtfunktionen wahrzunehmen[91].

Konrad Adenauers Vorstellungen bezüglich Europa zeichnen sich durch hohe Stetigkeit aus [92]. Bereits 1919 in einer Rede zur Eröffnungsfeier der Universität in Köln, spricht Adenauer von den Gemeinsamkeiten der Kulturen der westlichen Demokratie und fordert ihr kooperatives Zusammenwirken zum Wohle der Freiheit aller[93]. Die Grundkomponenten seines europapolitischen Schaffens in der Zeit als Bundeskanzler waren: die christlich-abendländische Kultur, sein flexibler Pragmatismus, sowie die Tatsache, dass seine Ansichten über einen langen Zeitraum gewachsen und an Prinzipien orientiert waren[94]. Ein zentrales Thema stellte für Adenauer die Frage nach der Möglichkeit für die Freiheit für alle dar[95], umsetzbar in einem Europakonzept, das auf die Katastrophe durch den Nationalismus reagierte. Seiner Ansicht nach konnten durch nachhaltige Verflechtung und offenen Austausch, Fortschritte bezüglich der Lebensqualität und sozialer Standards, sowie eine Festigung der Demokratie erzielt werden[96]. Auf Basis der charakterlichen und weltanschaulichen Grundlagen (siehe oben) agierte Adenauer mit politischem Gespür für die jeweilige Situation und unter geschickter Einbeziehung der persönlichen Komponenten, ganz im Sinne seiner Auffassung von Politik als Kunst des Möglichen[97]. In diesem Sinne bemühte sich Adenauer um die Beteiligung der Bundesrepublik an der Europäischen Integration. Eines der Hauptziele Adenauers war die Rückerlangung des Vertrauens und der Souveränität für die Bundesrepublik, innerhalb der westlichen Welt, bei baldestmöglicher Wiedervereinigung. Dem deutsch-französischen Verhältnis maß Adenauer in diesem Zusammenhang eine der, wenn nicht die wichtigste Rolle bei. Dementsprechend kam der Aussöhnung mit Frankreich für Adenauer eine

---

[90] Pattison de Ménil, Lois. Who speaks for Europe? London: 1977. Weidenfeld and Nicolson. S.63
[91] Schwarz, Hans-Peter. In: Jansen, Thomas. Mahncke, Dieter (Hrsg.). Persönlichkeiten der europäischen Integration. Bonn: 1981. Europa Union Verlag. S.165
[92] Weidenfeld, Werner. Konrad Adenauer und Europa. Bonn: 1976. Europa Union Verlag. S.208
[93] Siehe dazu: Konrad Adenauers Rede zur Eröffnung der Kölner Universität. In: Weidenfeld, Werner. Konrad Adenauer und Europa. Bonn: 1976. Europa Union Verlag. S.272
[94] Weidenfeld, Werner. In: Jansen, Thomas. Mahncke, Dieter (Hrsg.). Persönlichkeiten der europäischen Integration. Bonn: 1981. Europa Union Verlag. S.313
[95] Ebd. S.319
[96] Weidenfeld, Werner. Konrad Adenauer und Europa. Bonn: 1976. Europa Union Verlag. S.213
[97] „Konrad Adenauer – Der Patriarch" 4/4: http://www.youtube.com/watch?v=ErIQQK05rHs&feature=related

Schlüsselrolle zu. Dabei war die sicherheitspolitische Bindung an die USA und die Mitwirkung in der NATO eine Unumgänglichkeit für Adenauer[98].

Verhältnis Adenauer und De Gaulle

Im folgenden Kapitel soll gezeigt werden wie sich das Verhältnis zwischen Konrad Adenauer und Charles de Gaulle entwickelte. Dazu wird zuerst auf die gegenseitige Einschätzungen vor dem ersten Aufeinandertreffen eingegangen. Nach dem ersten Aufeinandertreffen 1958 in De Gaulles Landsitz Colombey-des-deux-Églises, lässt sich eine Vertiefung des Kontaktes feststellen, welche in den gegenseitigen Staatsbesuchen in den Jahren 1962 und letztendlich im Deutsch-Französischen-Freundschaftsvertrag gipfelte.

Situation vor dem ersten Aufeinandertreffen

Das Verhältnis von Konrad Adenauer und Charles de Gaulle beginnt gewissermaßen vor ihrem ersten Aufeinandertreffen. Nachdem Konrad Adenauer 1949 zum Bundeskanzler gewählt wurde, bezeichnete Charles de Gaulle ihn als guten Deutschen, dessen Weg er bereits seit dreißig Jahren verfolgen würde[99]. Ob de Gaulle damit auf Adenauers Engagement für eine Rheinische Republik anspielt, oder auch die Rede in der Kölner Universität 1919 ist unklar, die eindeutig positive Wertung de Gaulles für Konrad Adenauer sicherlich nicht. Den Vorschlag Adenauers im Folgejahr, für eine Wirtschaftsunion zwischen Deutschland und Frankreich, als wiederum ersten Schritt in Richtung einer gemeinsamen politischen Union, bezeichnete de Gaulle sogar als Weg Europa und die Welt vor ihrem Untergang zu retten[100]. Entgegen diesen eigentlich positiven Signalen, war Konrad Adenauer vor dem ersten Aufeinandertreffen der beiden Politiker im September 1958 von großer Sorge erfüllt[101]: aufgrund oberflächlicher Einschätzungen seiner Mitarbeiter[102], der damalige öffentlichen Meinung in Deutschland bezüglich der Person Charles de Gaulle, sowie dem Verhalten des Generals im Konflikt mit den mit Adenauer in

---

[98] Weisenfeld, Ernst. Charles de Gaulle. München: 1990. Verlag C.H. Beck. S.99
[99] Loch, Theo. Adenauer de Gaulle. Bonn: 1963. Athenaeum Verlag. S.18
[100] Ebd. S.28
[101] Adenauer, Konrad. Erinnerungen 1955 – 1959. München: 1967. DVA. S.424
[102] Schunk, Peter. In: Picht, Robert. Loth, Wilfried. (Hrsg.). De Gaulle, Deutschland und Europa. Stuttgart: 1991. Opladen. S.21

Kontakt stehenden Politikern Robert Schuman und Jean Monnet bezüglich der Europäischen Integration[103].

Colombey-les-deux-Églises

Das erste Treffen auf de Gaulles Landsitz Colombey-les-deux-Églises am 14. September 1958 war in vielerlei Hinsicht außergewöhnlich. Der Staatsbesuch von Konrad Adenauer sollte der erste nach Antritt der zweiten Amtsperiode von Charles de Gaulle sein[104]. Die informelle, über das Umfeld de Gaulles an Adenauer übermittelte Einladung für Bundeskanzler Adenauer, inklusive Delegation, erfolgte eigentlich nach Paris. Konrad Adenauer lehnte diese Einladung jedoch mit der Begründung ab, er könne nicht als Kanzler eines besiegten Landes als erster in der Hauptstadt empfangen werden. Daraufhin schlug de Gaulle seinen Landsitz in Colombey-les-deux-Églises vor und Adenauer sagte zu – und blieb der einzige Politiker den de Gaulle an diesem privaten Ort empfing.

Materielles Ergebnis dieser zwei Tage war ein von beiden unterzeichnetes Kommuniqué, indem der Wille zur Aussöhnung zwischen Frankreich und Deutschland erklärt wurde. Weiter tauschten Adenauer und de Gaulle in den Vier-Augen-Gesprächen in privater Atmosphäre ihre Positionen aus. De Gaulle erklärte Adenauer vier Bedingungen zur engeren Zusammenarbeit: die Grenzen Deutschlands als endgültig zu betrachten, geduldiges Verhalten bezüglich der Wiedervereinigung, dem Osten gegenüber guten Willen zu zeigen und auf Atomwaffen vollständig zu verzichten[105]. Adenauer andererseits bekräftigt sein Vorhaben, die deutsch-französischen Beziehungen zu verfestigen und auszubauen, allerdings auch innerhalb des bereits bestehenden europäischen Einigungsprozesses. Am Ende der beiden Tage zeigt sich de Gaulle zufrieden, in Adenauer den großen Mann mit dem er viele Dinge anpacken könne, getroffen zu haben. Dieser war seinerseits erleichtert, einen ganz anderen Menschen vorgefunden zu haben als befürchtet[106]. Ein entscheidendes Moment der gegenseitigen Vertrauensbasis dürfte die Übereinstimmung in der Analyse der internationalen Lage bezüglich Europa gespielt haben: die Einschätzung einer

---

[103] Ebd.. S.37
[104] Protokollarisch wäre de Gaulle, aufgrund seiner niedrigeren Anzahl von Dienstjahren, eigentlich mit einem Besuch seinerseits in Bonn an der Reihe gewesen.
[105] Schunk, Peter. In: Picht, Robert. Loth, Wilfried. (Hrsg.). De Gaulle, Deutschland und Europa. Stuttgart: 1991. Opladen. S.39
[106] Adenauer, Konrad. Erinnerungen 1955 – 1959. München: 1967. DVA. S.434

möglichen sowjetischen Bedrohung, sowie die Ungewissheit über die Europapolitik der USA – und die Wichtigkeit der Eintracht und Einigkeit West-Europas, wofür Frankreich und Deutschland eine Vorreiterrolle übernehmen und Impulse an andere Staaten senden könnten [107]. Ähnliche Übereinstimmungen stellten beide wohl in ihren Ansichten zu Preußen und Angelsachsen[108] fest. Kurzum: beide lernten sich in knapper Zeit kennen und schätzen[109], wie Adenauer später betonte – eine Basis für weitere Zusammenarbeit war geschaffen[110]. Der spätere Premierminister Maurice Couve de Murville bezeichnete das schnell erworbene gegenseitige Vertrauen sogar als „coup de foudre": Liebe auf den ersten Blick[111]. Die generelle Bereitschaft de Gaulles für die deutsche Wiedervereinigung[112], allerdings unter vier Bedingungen[113], stellt einen weiteren Punkt in der Vereinbarkeit der Interessenkonstellationen zu bestimmten Themen dar, welcher die beiden Politiker in Folge einige Wege gemeinsam beschreiten ließ – sofern analoge Interessen und Ansichten vorherrschten, was keineswegs immer der Fall war.

Rückschläge und Höhepunkte

In der Folgezeit, bis zu Konrad Adenauers Ablösung aus dem Kanzleramt am 12. Oktober 1963, trafen Adenauer und de Gaulle 15 Mal aufeinander, tauschten sich in knapp 100 Gesprächsstunden aus und wechselten 40 Briefe. Diese Zahlen beweisen den außergewöhnlich intensiven Kontakt der beiden, der jedoch auch Tiefpunkte hatte. Einige Ereignisse und Situationen spielen im Verhältnis der Staatsmänner eine zentrale Rolle und werden genauerer Betrachtung unterzogen.

Einen Tiefpunkt stellten beispielsweise de Gaulles Vorschläge für ein Dreierdirektorium in der NATO dar, pikanterweise zwei Tage nach dem ersten Treffen in Colombey-les-deux-Églises. Adenauer erfuhr von dem geheimen Dokument über den Umweg seines Botschafters Blankenhorn und des

---

[107] Lappenküper, Ulrich. Adenauer und de Gaulle auf dem Weg zum Élysée-Vertrag. Dossier: http://www.zeitschrift-dokumente.de/downloads/artikel/art_07022007.pdf S.36
[108] Weisenfeld, Ernst. Charles de Gaulle. München: 1990. Verlag C.H. Beck. S.93
[109] Loch, Theo. Adenauer de Gaulle. Bonn: 1963. Athenaeum Verlag. S.32
[110] Lappenküper, Ulrich. Die deutsch-französischen Beziehungen 1949 – 1963. München: 2001. Oldenbourg Verlag. S.1609
[111] Weisenfeld, Ernst. Charles de Gaulle. München: 1990. Verlag C.H. Beck. S.92
[112] Conze, Eckhard. Die gaullistische Herausforderung. München: 1995. Oldenbourg Verlag. S.75
[113] Weisenfeld, Ernst. Charles de Gaulle. München: 1990. Verlag C.H. Beck. S.24

Generalsekretärs des NATO-Rates Paul-Henri Spaak[114]. Er verwarf eine erste emotionale Reaktion in Briefform, um sachlich und vorsichtig die Vorschläge abzulehnen[115]. In diesem Beispiel spiegeln sich grundsätzliche Charakterelemente der beiden Politiker wider: einerseits de Gaulles Neigung zu polarisierendem und teilweise rücksichtslosem Vorgehen, in diesem und vielen anderen Fällen bezüglich der Rolle Frankreichs in Westeuropa und der Welt. Andererseits die Fähigkeit Adenauers, an zahlreichen Informationsflüssen teilzuhaben, die personale Ebene (de Gaulles Charakter) zu berücksichtigen[116], sowie auf Basis dessen, sachliche und kluge Entscheidungen zu treffen – die Reaktion Adenauers verschleierte beispielsweise geschickt die Rolle des Diplomaten Blankenhorns.

Während der zweiten „Berlin-Krise", ausgelöst durch ein Ultimatum Chrustschows am 27. November 1958, stellte sich Charles de Gaulle demonstrativ hinter die Forderungen Konrad Adenauers. Im Gegensatz dazu reagierten die USA und Großbritannien verhalten, wollten keinen Konflikt heraufbeschwören und weckten bei Adenauer nicht unbegründet[117] Angst, Berlin könnte zur Bewahrung des Friedens aufgegeben werden. Die Haltung de Gaulles in der wichtigen Berlin-Frage war für Konrad Adenauer verständlicherweise ein Vertrauensbeweis, das wusste auch de Gaulle selbst[118]. Andererseits dürfte Adenauer in diesem Zusammenhang auch angenommen haben, dass de Gaulle der Berlin-Frage eine ernsthafte Signalwirkung für die Integrität Westeuropas zumaß und deshalb größtes Interesse an der Unversehrtheit des Status der geteilten Stadt hatte. Im fortschreitenden Verlauf des Konflikts um Berlin, brachte de Gaulle auf einer Pressekonferenz am 25. März 1959 eine Reihe von Forderungen, welche die deutschen Anliegen unterstützten (inklusive Verweis auf die Wiedervereinigung), unterstrich dabei jedoch auch seine Forderungen bezüglich der Endgültigkeit der deutschen Grenzen im Osten[119]. Diese Forderung wurde zwar von de Gaulle auch bereits in Colombey-les-deux-Églises betont, war jedoch mit Adenauer in diesem Zusammenhang nicht abgesprochen und führte zu Misstönen in der deutschen Öffentlichkeit. Eine der

---

[114] Lappenküper, Ulrich. Die deutsch-französischen Beziehungen 1949 – 1963. München: 2001. Oldenbourg Verlag. S.1612
[115] Ebd. S.1013
[116] Weidenfeld, Werner. Konrad Adenauer und Europa. Bonn: 1976. Europa Union Verlag. S.207 ff.
[117] Lappenküper, Ulrich. Die deutsch-französischen Beziehungen 1949 – 1963. München: 2001. Oldenbourg Verlag. S.1352
[118] Ebd. S.1249
[119] Weisenfeld, Ernst. Charles de Gaulle. München: 1990. Verlag C.H. Beck. S.24

„schrecklichen Pressekonferenzen" de Gaulles also, auf denen er wenig rücksichtsvoll Adenauer gegenüber agierte, vielleicht aus Überzeugung um die Richtigkeit der eigenen Ansichten, oder auch um als Stratege im dichten Schleier von Täuschungen zu handeln. Adenauer hingegen war daraufhin wiederum als kluger und nüchterner Vermittler gefragt. Während der weiteren Zuspitzung der Berlin-Frage durch den Mauerbau blieb de Gaulle an der Seite Adenauers jedoch standhaft. Als eine der wohl „schrecklichsten Pressekonferenzen" de Gaulles dürfte am 14.Januar des Jahres 1963 gewesen sein, als Charles de Gaulle vor 500 Journalisten und 300 Gästen im Élysée den Beitritt Großbritanniens zur EWG ablehnte. Kurz zuvor waren die Fouchet-Verhandlungen an der Kantigkeit de Gaulles gescheitert, das bevorstehende Treffen mit Adenauer hatte den Deutsch-Französischen-Freundschaftsvertrag zur Folge[120]. Das Beispiel zeigt wiederholt, dass vor allem Adenauer, aber auch de Gaulle sich in ihrem Verhältnis nicht von Rückschlägen abbringen ließen[121].

Die Staatsbesuche[122] stellen gewissermaßen einen krönenden Abschluss der Annäherung von Charles de Gaulle und Konrad Adenauer dar. Ein Anzeichen der gegenseitigen Wertschätzung sind die präzisen und detaillierten Vorbereitungen in beiden Ländern im Vorfeld der Besuche. Die einzelnen Stationen der Staatsbesuchs von Konrad Adenauers vom 2. bis 8. Juli 1962 in Frankreich, sowie Charles de Gaulle in Deutschland vom 5. bis 9. September 1962, stehen im Sinne der verfolgten deutsch-französischen Aussöhnung und den beiden Persönlichkeiten. Einige Charakterzüge und Ansichten kommen in einzelnen Stationen des Besuches, zum Ausdruck. Das Ziel der Aussöhnung kommt zur Geltung in den Besuchen des Grabmals des Unbekannten Soldaten, Versailles, oder der Münchner Feldherrnhalle, sowie dem Abschreiten der französischen Fallschirmjäger auf dem Schlachtfeld von Reims – als Signal, dass den zurückliegenden Konflikten zwar Tribut gezollt wird, sie aber nicht mehr zwischen den Völkern stehen, sondern als Teil einer gemeinsamen Geschichte betrachtet werden. Die Ehrerweisung an die dunkle Geschichte ist umso verständlicher im Hinblick auf die Lebensweg Adenauers und de Gaulles. Diese Signale richteten sich an die internationale Staatengemeinschaft, aber vor

---

[120] Lappenküper, Ulrich. Die deutsch-französischen Beziehungen 1949 – 1963. München: 2001. Oldenbourg Verlag. S.1769
[121] Als Beispiel für den offenen Austausch, siehe u.a.: Weisenfeld, Ernst. Charles de Gaulle. München: 1990. Verlag C.H. Beck. S.99
[122] Einen ausführlichen Überblick über die Staatsbesuche findet man in: Loch, Theo. Adenauer de Gaulle. Bonn: 1963. Athenaeum Verlag.

allem an die Bevölkerungen der beiden Länder – die Kommunikation mit dem Volk war eine Spezialität de Gaulles. Die Beteiligung des Militärs ist im Hinblick auf de Gaulles Vergangenheit kaum ungewöhnlich.

Der Besuch des Gottesdienstes in Reims ist vor dem Hintergrund der gemeinsamen christlichen Prägung logisch, erhält durch die Aufmerksamkeit der Frankreichreise jedoch den Charakter eines Bekenntnisses. Auch die Ehrungen Adenauers und das Galadiner im Elysée-Palast, sowie der Empfang im Schloss der Kurfürsten zeigen die gegenseitige Wertschätzung. Für großes Aufsehen sorgten die Reden de Gaulles, die seiner Fähigkeit und Talent als großer Redner gerecht wurden – zudem sprach er in Deutsch, der Sprache die er unter anderem in seiner Kriegsgefangenschaft gelernt hatte. Ohne auf alle Einzelheiten des Besuche eingehen zu können: eine Bühne derartigen Ausmaßes hätten Konrad Adenauer und Charles de Gaulle wohl kaum einem Staatsmann bereitgestellt, für den sie nicht in irgendeiner Weise Faszination empfunden hätten – bei gleichzeitig gemeinsamer und kongruenter Interessenlage.

Der Deutsch-Französische-Freundschaftsvertrag

Es besteht kein Zweifel an dem Umstand, dass der Deutsch-Französische-Freundschaftsvertrag kurzfristig aufgesetzt, in Vertragsform gebracht und unterzeichnet wurde [123][124]. Die Tatsache, dass erfahrene Staatsmänner wie Konrad Adenauer und Charles de Gaulle, die unter Fürsprechern und Gegnern als rational und taktisch durchdacht gegolten haben, sich offensichtlich zu einem überstürzten Handeln hinreißen ließen, ist nach Meinung des Autors der vorliegenden Arbeit ihrem gegenseitigen Verständnis und Vertrauen geschuldet. Diese gegenseitige Wertschätzung entstand einerseits aus den Übereinstimmungen in Charakterzügen (v.a. Katholizismus, Konservatismus, asketische Lebensauffassung, Arbeitsmoral, Pflichtbewusstsein), zudem in den Parallelen ihrer Lebensgeschichte (Attitüde des Aufsteigers, Verkraften zahlreicher Rückschläge und „tiefer Blick für die Welt") und Übereinstimmungen der Umstände (das zunehmende Alter und Prägung) – sowie selbstverständlich die gemeinsame Interessenlage und Kooperations-

---

[123] U.a. bei: Schwarz. Hans-Peter. In: Picht, Robert. Loth, Wilfried. (Hrsg.). De Gaulle, Deutschland und Europa. Stuttgart: 1991. Opladen. S.169
[124] Lappenküper, Ulrich. Die deutsch-französischen Beziehungen 1949 – 1963. München: 2001. Oldenbourg Verlag. S.1776

möglichkeiten. Die freundschaftliche Atmosphäre zwischen dem französischen Präsidenten und dem deutschen Bundeskanzler, abgesehen von einigen Tiefpunkten, war die Basis für diese nachträglich betrachtet weitreichende Entscheidung – neben zahlreichen geo-, sicherheits-, europa-, sogar im Falle von Adenauer parteipolitischen Überlegungen, ohne welche der Vertrag natürlich, trotz des vertieften Verhältnisses, nicht möglich gewesen wäre. Eine genaue Darstellung der Details zur Entwicklung von den Ideen zur Politischen Union, über die Fouchet-Verhandlungen zum Deutsch-Französischen-Vertrag findet man bei Ulrich Lappenküper[125], Hans-Peter Schwarz[126], Hermann Kusterer, den Dialogen der Röhndorfer Gespräche[127] oder in den Memoiren Konrad Adenauers und Charles de Gaulles.

Fazit

Über die Richtigkeit und Wichtigkeit des Deutsch-Französischen-Freundschaftsvertrags scheiden sich die Geister. Während der Vertrag einerseits als wichtiger Impuls für die weitere europäische Zusammenarbeit und Integration gesehen wird[128] stellt er für andere lediglich den Schlusspunkt des Dramas deutsch-französischer Missverständnisse dar[129]. Die Auslegung der Interpretation der Motive gestaltet sich ebenfalls unterschiedlich, von einem de Gaulle'schen Minimalkonsens für eine spätere europäische Organisation mit Deutschland als Juniorpartner[130], Ausdruck der Bereitschaft Adenauers teuer für den langfristigen Partner Frankreich zu zahlen[131] oder aus Misstrauen Adenauers gegenüber der Sicherheitspolitik der USA[132]. Auch das Verhältnis zwischen Konrad Adenauer und Charles de Gaulle wird verschiedentlich unterschiedlich interpretiert: Konrad Adenauer als Opfer des Charmes Charles de Gaulles[133], andererseits starke Bewunderung von de Gaulle für Adenauer, beispielsweise

---

[125] Lappenküper, Ulrich. Die deutsch-französischen Beziehungen 1949 – 1963. München: 2001. Oldenbourg Verlag.
[126] Schwarz. Hans-Peter. In: Picht, Robert. Loth, Wilfried. (Hrsg.). De Gaulle, Deutschland und Europa. Stuttgart: 1991. Opladen. S.169
[127] Siehe dazu: Schwarz, Hans-Peter (Hrsg.). Adenauer und Frankreich. Die deutsch-französischen Beziehungen 1958 bis 1969 (Rhöndorfer Gespräche Bd. 7). Bonn: 1985. S.24
[128] Weidenfeld, Werner. Der deutsch-französische Vertrag in europäischer Perspektive. In: Universitas, Nr. 12/1983. S.1297
[129] Ziebura, Gilbert. Die deutsch-französischen Beziehungen seit 1945. Stuttgart: 1997. Verlag Neske. S.147
[130] Weisenfeld, Ernst. Charles de Gaulle. München: 1990. Verlag C.H. Beck. S.115
[131] Siehe dazu: Schwarz, Hans-Peter (Hrsg.). Adenauer und Frankreich. Die deutsch-französischen Beziehungen 1958 bis 1969 (Rhöndorfer Gespräche Bd. 7). Bonn: 1985. S.
[132] Lappenküper, Ulrich. Die deutsch-französischen Beziehungen 1949 – 1963. München: 2001. Oldenbourg Verlag. S.1903
[133] Ziebura, Gilbert. Die deutsch-französischen Beziehungen seit 1945. Stuttgart: 1997. Verlag Neske. S.144

um seine Erfolge in der Außenpolitik[134], oder schlicht als Freundschaft, welche in den Deutsch-Französischen-Freundschaftsvertrag mündete[135]. Die Akteure selbst sprechen mit Hochschätzung voneinander: Adenauer habe mit de Gaulle die denkbar besten Erfahrungen gemacht[136], für de Gaulle ist Adenauer bekanntlich ein großer Deutscher.

Konrad Adenauer selbst gibt zu allen aufgezählten persönlichen Gemeinsamkeiten und äußeren Umständen einen aufschlussreichen Hinweis: „Alle Verhandlungen können nur zu einem fruchtbaren Ergebnis führen, wenn man sich vertraut. Man vertraut seinem Verhandlungsgegner aber nur, wenn man seinen Verhandlungsgegner kennengelernt hat, als einen Mann, der ehrlich und wahrhaftig ist"[137].

Für das Zustandekommen und die Gründe für den Deutsch-Französischen-Freundschaftsvertrag spielen demnach viele Gründe eine Rolle. In den Persönlichkeiten Adenauers und de Gaulles und deren Zusammenwirken, liegt ein möglicher Zugang zum Verständnis für die Umstände. Das Zusammenspiel wird unterschiedlich beschrieben: mit einer „tiefen moralischen und politischen Übereinkunft" (Jaques Bariety), „Liebe auf den ersten Blick" (Couve de Murville), „seltene Erscheinung gefühlsbetonter Züge im öffentlichen Leben" (de Gaulle-Biograph Lacouture) nicht selten fällt das Wort Freundschaft (u.a. John Gaffney), wenn auch die beiden Politiker selbst diesen Begriff wohl nicht verwendet hätten[138]. Hermann Kusterer beschreibt den Umgang der Politiker miteinander bildlich als Ringen[139] mit Zügen eines Liebesdramas.

Zu den charakterlichen und weltanschaulichen Übereinstimmungen von Konrad Adenauer und Charles de Gaulle, hatten beide eine Vision. Das von Kusterer häufig beschriebene „Ringen" deutet darauf hin: Visionäre sind nicht besonders zimperlich wenn es um die Umsetzung ihrer Ideen geht. Das Ringen ist andererseits nur mit einem Partner möglich, der es auch versteht zu ringen – das setzt ein Spiel auf Augenhöhe voraus. Adenauer konnte auch anders (Beispiel Erhard), de Gaulle dürfte ihm dabei in nichts nachgestanden haben. Vielleicht basiert die gegenseitige Wertschätzung des Generals und des Alten auch auf die

---

[134] Ménudier, Henry. In: Defrance, Corine. Pfeil Ulrich (Hrsg.). Der Élysée-Vertrag und die deutsch-französischen Beziehungen. München: 2005. Oldenbourg Verlag. S.85
[135] Gaffney, John. Political Leadership in France. London: 2010. Palgrave Macmillan. S.51
[136] Konrad Adenauer im Interview bei Gaus 3/3: 2.56min: http://www.youtube.com/watch?v=I_S6qBHO2T8&feature=related
[137] Konrad Adenauer im Interview bei Gaus 2/3: 1.38min: http://www.youtube.com/watch?v=1NVHqUgCvTU
[138] Weisenfeld, Ernst. Charles de Gaulle. München: 1990. Verlag C.H. Beck. S.92
[139] Kusterer, Hermann. Der Kanzler und der General. Stuttgart: 1985. Klett Verlag. S191

Feststellung im jeweiligen Gegenüber auf jemanden getroffen zu sein, der kein bloßer Taktierer, kein bloßer Selbstdarsteller war.

In den zusätzlichen, in dieser Arbeit aus Platzgründen nicht aufgeführten, innen- und außenpolitischen Konflikten und Situationen (z.b. Mauerbau, Korea-Krieg, Spiegelaffäre, Verhandlungen zur NATO und Freihandelszone, Algerienkonflik, Europapolitik) sind ebenfalls Gründe für den Verlauf und das Zustandekommen des Deutsch-Französischen Vertrags zu sehen. Auch die Machtposition Adenauers: dieser musste der sukzessiven Verlust seiner Machtstellung in Partei und Regierung als Zuspitzung begreifen, auch de Gaulle konnte das nicht verborgen bleiben. Im Hinblick des bevorstehenden Personalwechsels zu Gunsten der atlantisch gestimmten Erhard und Schröder, mussten beide befürchten, dass ihre Bemühungen um die deutsch-französische Aussöhnung und eine Stärkung Westeuropas nach dem Scheitern der Politischen Union vergeblich gewesen sein könnten. Der deutsch-französische Vertrag kann so als Versuch die Nachfolger binden zu wollen begriffen werden. Die Karrierewege Adenauers und de Gaulles nahmen viele Umwege. Aus Erfahrung wissen de Gaulle und Adenauer wie schnell sich Situationen wenden können. Auf dieser Basis wollten Adenauer und de Gaulle ihre Vision von einem friedlichen Europa so nachhaltig wie möglich verfestigen. Das war ihnen in der Form möglich, da beide Politiker über eine ungewöhnlich außerordentlichen Handlungsspielraum verfügten, wenn auch Adenauers Position schwand, was sich im innerparteilichen Widerstand und der Präambel zeigt.

Der Tod John Foster Dulles und Machtwechsel in den USA, inklusive der Neuausrichtung der amerikanischen Sicherheitspolitik spielt eine zentrale Rolle: John F. Kennedy war Vertreter einer neuen Generation von Politikern, Adenauer und de Gaulle hatten damit Probleme. Sie waren Vertreter einer Generation von Politikern, welche auf Grundlage der Erfahrung der zurückliegenden Konflikte ihre Politik bestimmten, oder mit den Worten von Helmut Schmidt: „Diese Generation ist in die Politik gegangen nicht um eine politische Karriere zu machen, sondern […] um zu verhindern, dass all das schreckliche der Nazi-Zeit und des Krieges sich jemals wiederholen könnte. Das war deren Antriebskraft.[140]"

---

[140] Helmut Schmidt in „Konrad Adenauer - Der Patriarch" 1/4. 0:36min: http://www.youtube.com/watch?v=4aUoOw7XwWQ

Literaturangabe

Primärliteratur:

Adenauer, Konrad. Erinnerungen 1955 – 1959. München: 1967.

De Gaulle, Charles. Memoiren der Hoffnung 1958 – 1963. Wien: 1971. Molden Verlag.

Barning, Arnulf. Tautil, Christian. Charles de Gaulle. Berlin: 1963. Kiepenheuer & Witsch.

Conze, Eckhard. Die gaullistische Herausforderung. München: 1995. Oldenbourg Verlag.

Defrance, Corine. Pfeil Ulrich (Hrsg.). Der Élysée-Vertrag und die deutsch-französischen Beziehungen. München: 2005. Oldenbourg Verlag.

Hartmann, Jürgen. Persönlichkeit und Politik. Wiesbaden: 2007. Verlag für Sozialwissenschaften.

Helms, Ludger. Regierungsorganisation und Politische Führung in Deutschland. Wiesbaden: 2005. Verlag für Sozialwissenschaften.

Gaffney, John. Political Leadership in France. London: 2010. Palgrave Macmillan.

Geiger, Tim. Atlantiker gegen Gaullisten. München: 2008. Oldenbourg Verlag.

Jansen, Thomas. Mahncke, Dieter (Hrsg.). Persönlichkeiten der europäischen Integration. Bonn: 1981. Europa Union Verlag.

Kapferer, Reinhard. Charles de Gaulle. Stuttgart: 1978. Deutsche Verlags-Anstalt GmbH.

Kusterer, Hermann. Der Kanzler und der General. Stuttgart: 1985. Klett Verlag.

Lappenküper, Ulrich. Die deutsch-französischen Beziehungen 1949 – 1963. München: 2001. Oldenbourg Verlag.

Loch, Theo. Adenauer de Gaulle. Bonn: 1963. Athenaeum Verlag.

Loth, Wilfried. (Hrsg.). De Gaulle, Deutschland und Europa. Stuttgart: 1991. Opladen.

Osterheld, Horst. Konrad Adenauer. Bonn: 1975. Eichholz Verlag. S.76.

Picht, Robert. Loth, Wilfried. (Hrsg.). De Gaulle, Deutschland und Europa. Stuttgart: 1991. Opladen.

Pattison de Ménil, Lois. Who speaks for Europe? London: 1977. Weidenfeld and Nicolson.

Poppinga, Anneliese. Konrad Adenauer. Bergisch Gladbach: 1987. Gustav Lübbe Verlag.

Prittie, Terence. Konrad Adenauer. Vier Epochen deutscher Geschichte. Stuttgart: 1971. Goverts Verlag.

Recker. Marie-Luise. Konrad Adenauer. Leben und Politik. München: 2010. Verlag Beck.

Schwarz. Hans-Peter. In: Picht, Robert. Loth, Wilfried. (Hrsg.). De Gaulle, Deutschland und Europa. Stuttgart: 1991. Opladen.

Schwarz, Hans-Peter (Hrsg.). Adenauer und Frankreich. Die deutsch-französischen Beziehungen 1958 bis 1969 (Rhöndorfer Gespräche Bd. 7). Bonn: 1985.

Schwarz, Hans-Peter. Konrad Adenauer. Stuttgart: 1986. Deutsche Verlags Anstalt.

Sternburg von, Wilhelm. (Hrsg.). Die deutschen Kanzler. Frankfurt am Main: 1994. Fischer Taschenbuchverlag.

Vossen, Frantz. De Gaulle. München: 1963. Piper & Co Verlag

Weidenfeld, Werner. In: Sternburg von, Wilhelm. (Hrsg.). Die deutschen Kanzler. Frankfurt am Main: 1994. Fischer Taschenbuchverlag.

Weidenfeld, Werner. Konrad Adenauer und Europa. Bonn: 1976. Europa Verlag.

Weisenfeld, Ernst. Charles de Gaulle. München: 1990. Verlag C.H. Beck.

Wirsching, Andreas (Hrsg.). Aufklärung und Demokratie. München: 2003. Oldenbourg Verlag.

Ziebura, Gilbert. Die deutsch-französischen Beziehungen seit 1945. Stuttgart: 1997. Verlag Neske.

Zimmer, Annette. Jankowitsch, Regina (Hrsg.). Political Leadership. Brüssel/München: 2008. Polisphere.

Aufsätze

Ménudier, Henry. In: Defrance, Corine. Pfeil Ulrich (Hrsg.). Der Élysée-Vertrag und die deutsch-französischen Beziehungen. München: 2005. Oldenbourg Verlag.

Schunk, Peter. In: Picht, Robert. Loth, Wilfried. (Hrsg.). De Gaulle, Deutschland und Europa. Stuttgart: 1991. Opladen.

Schwarz. Hans-Peter. In: Picht, Robert. Loth, Wilfried. (Hrsg.). De Gaulle, Deutschland und Europa. Stuttgart: 1991. Opladen.

Schwarz, Hans-Peter. In: Jansen, Thomas. Mahncke, Dieter (Hrsg.). Persönlichkeiten der europäischen Integration. Bonn: 1981. Europa Union Verlag.

Weidenfeld, Werner. In: Sternburg von, Wilhelm. (Hrsg.). Die deutschen Kanzler. Frankfurt am Main: 1994. Fischer Taschenbuchverlag.

Weidenfeld, Werner. In: Jansen, Thomas. Mahncke, Dieter (Hrsg.). Persönlichkeiten der europäischen Integration. Bonn: 1981. Europa Union Verlag.

Weidenfeld, Werner. Der deutsch-französische Vertrag in europäischer Perspektive. In: Universitas, Nr. 12/1983.

Onlinelinks

Konrad Adenauer im Interview bei Gaus 1-3:

Teil 1: http://www.youtube.com/watch?v=TV7weYGV6W8&feature=related

Teil 2: http://www.youtube.com/watch?v=1NVHqUgCvTU&feature=related

Teil 3: http://www.youtube.com/watch?v=I_S6qBHO2T8&feature=related

„Konrad Adenauer – Der Patriarch" 1-4:

Teil 1: http://www.youtube.com/watch?v=4aUoOw7XwWQ&feature=related

Teil 2: http://www.youtube.com/watch?v=S1I2B2BCP9g&feature=related

Teil 3: http://www.youtube.com/watch?v=_Rl6to42dq8&feature=related

Teil 4: http://www.youtube.com/watch?v=ErIQQK05rHs&feature=related

Lappenküper, Ulrich. Adenauer und de Gaulle auf dem Weg zum Élysee-Vertrag. Dossier: http://www.zeitschrift-dokumente.de/downloads/artikel/art_07022007.pdf

European Navigator: http://www.ena.lu/

Die Neue Deutsche Ostpolitik der sozialliberalen Koalition und die deutsch-französischen Beziehungen von 1969-1974

Von Alexander Stock, 2004

Einleitung

In der vorliegenden Arbeit soll analysiert werden, welche internationalen und nationalen Gründe und Hintergründe für die ‚Neue Ostpolitik' der Regierung Brandt bestanden und welche neuen politischen Aspekte die außenpolitische Arbeit der sozialliberalen Koalition in Deutschland und ihr französisches Pendant in der ‚Ära Brandt-Pompidou' kennzeichneten.

Dabei richtet sich das Hauptaugenmerk einmal auf das Verhältnis zwischen der Außenpolitik der deutschen Regierungen bis 1969 und der von SPD und FDP bestimmten Außenpolitik vom Regierungswechsel 1969 bis zum Übergang zu Helmut Schmidt im Jahre 1974, und zweitens vorrangig auf die Frage, wie die westdeutsche Ostpolitik und die damit verbundenen Fragen vom Nachbarland Frankreich aufgenommen wurden.

Es wird interessant zu beobachten sein, wie sich die selbst gesetzten Ziele innerhalb des europäischen Staatensystems auf die Entwicklung der Außenpolitik auswirkten, welche verändernden außenpolitischen Elemente ab 1969 die deutliche Abtrennung sichtbar machten und vor allem welche Auswirkungen auf die deutsch-französischen Beziehungen bzw. die französische Außenpolitik bemerkbar wurden.

Zuerst wird die Arbeit speziell auf die Rahmenbedingungen und zu Grunde liegenden Gegebenheiten eingehen, mit denen sich die Bundesrepublik bezüglich der Außenpolitik konfrontiert sah und welche eigenen Akzente bis 1969 selber gesetzt wurden. Adenauers, Erhardts und Kiesingers außenpolitischen Ziele werden kurz herausgearbeitet, um abschließend analysieren zu können, ob die Regierung Brandt außenpolitischen Neuorientierungen und Umbrüchen unterworfen war oder sich doch eher in einer außenpolitischen Kontinuität befand.

Des Weiteren soll auf den langsamen Übergang von einer internationalen Konfrontationspolitik zu einer Entspannungspolitik aufmerksam gemacht werden. Hier kann besonders die Ostpolitik de Gaulles vor 1969 als Beispiel von Entspannungsbemühungen herausgehoben werden.

Darauf folgt eine genauere Betrachtung der Außenpolitik Brandts und seines Außenministers Scheel. Es wird die Frage gestellt, welche Relevanz und Bedeutung ihre außenpolitisch gesteckten Ziele hatten, welche Hintergründe und Notwendigkeiten einer Ostpolitik bestanden und wie sich die Politik in den internationalen Kontext einordnen lässt. Eine besondere Rolle sollen in diesem dritten Kapitel die französischen Positionen zur neuen westdeutschen

Politikorientierung spielen, vor dem Hintergrund der voneinander unterscheidenden politischen Führungsstile und der durchaus unterschiedlichen Auffassungen, Interessen und Erwägungen.

Um die Abläufe und das Ergebnis dieser Brandt'schen Außenpolitik mitsamt der Reaktionen aus Paris ersichtlicher erscheinen zu lassen, soll in einzelnen Kapiteln genauer auf die Verträge von Moskau und Warschau sowie den Grundlagenvertrag und das Viermächteabkommen eingegangen werden. Neben den wichtigsten Ergebnissen und Hintergründen kann besonders in diesen Unterkapiteln deutlich gemacht werden, in welcher Weise Frankreich die eigenen Interessen berührt sah, welche Konsequenzen die Ostpolitik aus französischer Sicht mit sich zogen und inwiefern die deutsche Politik befürwortet, gefürchtet oder abgelehnt wurde.

Ferner soll in einem vierten Kapitel der Blick auf die Folgen der Brandt'schen Ostpolitik und auf mögliche Auswirkungen der Entspannungspolitik nach 1974 geworfen werden.

Abschließend wird im Fazit eine Synthese erstellt, die die zuvor ausgearbeiteten Ergebnisse zusammenfügt, um zu einem klaren und endgültigen Urteil zur Ostpolitik, der deutsch-französischen Beziehungen zwischen 1969-1974 und der französischen Haltung gegenüber der ‚Neuen Ostpolitik' zu gelangen.

Übergang von der Konfrontationspolitik zur Entspannungspolitik vor 1969

Vorfeld und Rahmenbedingungen

Nach dem verlorenen zweiten Weltkrieg versuchte zunächst Konrad Adenauer die außenpolitischen Geschicke der Bundesrepublik in die Hand zu nehmen. Seine Hauptsorge galt der Gefahr einer Ost-West-Verständigung zu Ungunsten Deutschlands. Adenauer war somit bestrebt, der in jeder Hinsicht noch ungefestigten Bundesrepublik durch Zugehörigkeit zur westlichen Gemeinschaft zunächst Sicherheit, dann Souveränität zu verschaffen. Zur Westintegration gab es für Bundeskanzler Adenauer keine Alternative, so dass er die Beziehungen zur USA und insbesondere zu Frankreich pflegte. Mit der Gründung der Montanunion, dem Beitritt zur Westeuropäischen Union und zur NATO hatte die Außenpolitik der Bundesrepublik endgültig westlichen Kurs genommen. Die Westintegration der Bundesrepublik verfestigten später noch die Römischen Verträge (EWG und Euratom) [141], die nach Meinung von Wilfried Loth als „zweiter Teil der deutsch-

---

[141] Vgl. Sontheimer, Kurt / Bleek, Wilhelm: Grundzüge des politischen Systems der Bundesrepublik

französischen Friedensfindung verstanden werden" [142] können. Nicht zu Unrecht kann Adenauer durch diese deutsch-französischen Initiativen und die starke europapolitische Kooperation untereinander „mit wechselnden französischen Partnern als Gründungsvater des deutsch-französischen Bündnisses" bezeichnet werden. [143] Wiedervereinigung durch Westintegration lautete die allgemeine Formel der adenauerschen Politik, wobei der Kanzler stets als Hauptziel vor Augen hatte, die „Bundesrepublik Schritt für Schritt zu einem gleichberechtigten, wirtschaftlich und später auch militärisch starken Partner innerhalb des westlichen Bündnisses zu machen." [144]

Neben der Wiederbewaffnung und dem Beitritt zu den westlichen Staatenbündnissen suchte er aber gleichwohl ab 1955 das Gespräch mit der UdSSR. Doch spätestens mit der Einführung der ‚Hallstein-Doktrin' wurden noch im selben Jahr diese ersten Ansätze von Ost-Diplomatie zerstört. Seitdem betrachtete die Bundesregierung „die Aufnahme diplomatischer Beziehungen mit der DDR durch all jene Staaten, mit denen sie selbst solche unterhielt, als unfreundlichen Akt." [145] So blieb man noch bis in die 60er Jahre hinein in der Ostpolitik bei einer „inflexiblen, dogmatischen und konzeptionell unterkomplexen Politik" [146], während Adenauer in der Westpolitik „flexibel, geschickt und undogmatisch" [147] agierte und im Verhältnis zum französischen Nachbarn mit seltenem deutschen „genuinem Verständnis für französische Sicherheitsbedürfnisse" [148] handelte. Es stellte sich ein eindeutiges Spannungsverhältnis zwischen erfolgreicher Westorientierung und sehr schwacher und erfolgloser Ostpolitik ein, die stärker unter Außenminister Schröder zu Beginn der 60er Jahre angegangen wurde. [149]

In Zeiten von weltpolitisch schwierigen Konstellationen und Konflikten, Eisenhowers Politik des ‚Roll-back', dem Bau der Berliner Mauer 1961, der Kuba-Krise 1962 und dem amerikanischen Engagement in Vietnam, begann in der Bundesrepublik der Prozess einer vorsichtigen „Demontage der hinderlichen

---

Deutschland, 11. Aufl., München 1999, S. 46ff.
[142] Loth, Wilfried: Das deutsch-französische Bündnis: Grundlagen, Wandlungen, Perspektiven, in: Müller, Guido (Hrsg.): Deutschland und der Westen. Festschrift für Klaus Schwabe zum 65. Geburtstag, Stuttgart 1998, S. 357-365, hier: S. 360.
[143] Loth: Das deutsch-französische Bündnis, S. 359.
[144] Sontheimer/Bleek, S. 47
[145] Schöllgen, Gregor: Die Außenpolitik der Bundesrepublik Deutschland. Von den Anfängen bis zur Gegenwart, 2. Aufl., München 2001, S. 46.
[146] Schmidt, Manfred G.: Regieren in der Bundesrepublik Deutschland, Opladen 1992, S. 73.
[147] Ebd.
[148] Loth: Das deutsch-französische Bündnis, S. 359.
[149] Vgl. Schmidt, S. 73f.

'Hallstein-Doktrin'." [150] Spätestens „der Mauerbau, der das Scheitern der vorherigen Ostpolitik sichtbar gemacht hatte" [151], zeigte die Belastung der ‚Hallstein-Doktrin' für die Ostpolitik der Bundesrepublik und machte die Pflicht deutlich, sich aus der „ostpolitischen Selbstlähmung" [152] zu lösen.

Trotz der vielfältigen Konflikte und Rückschläge war weltpolitisch in den 60er Jahren bereits ein Übergang von der Konfrontationspolitik zur Entspannungspolitik erkennbar. Bereits in der Kuba-Krise hat das nukleare Gleichgewicht der Weltmächte eine weitere Eskalation verhindert, das auch ein Beispiel „für den unaufhaltsamen Fortschritt der Entspannungspolitik" war. [153] 1963 wurde zwischen den USA und der Sowjetunion ein Atomteststopp vereinbart, de Gaulle betrieb eine französische Entspannungspolitik im Ostblock, Adenauer und Brandt empfingen den amerikanischen Präsidenten Kennedy in West-Berlin und für Berlin konnte das erste Passierscheinabkommen unterzeichnet werden und „erst später [wurde den deutschen Politikern] klar, daß sie mit dem Passierschein-Abkommen ein Modell für die spätere Ostpolitik geschaffen hatten." [154] Des Weiteren schritt die Integration Europas voran, die Beziehungen zwischen Deutschland und Frankreich waren erstmals ohne Ressentiments. Innerhalb der Europäischen Gemeinschaft waren beide Länder, besonders aufgrund der sehr guten Beziehungen zwischen Adenauer und de Gaulle, zu Partnern geworden. Sie waren sich in ihrer damaligen Funktion des Motors Europas bewusst und hatten seit den 50er Jahren die Aussöhnung vorangetrieben. Nicht erst seit dem 22.01.1963, dem Abschluss des deutsch-französischen ‚Elysée-Vertrages' über die gemeinsame Zusammenarbeit, war für beide Länder die „enge politische und wirtschaftliche Kooperation zu einem Grundelement ihrer auswärtigen Beziehungen geworden". [155] Schließlich erwuchsen „während der 'begrenzten Entspannung' zwischen 1963 und [1973] ... die Umrisse eines Rüstungskontrollregimes zwischen USA und UdSSR." [156]

Durch eine verstärkte Handelspolitik von Außenminister Schröder durch Einrichtung von Handelsmissionen in Polen, Ungarn, Rumänien und Bulgarien, ist zwar seine ‚Politik der Bewegung' im Endergebnis nicht erfolgreicher geworden, allerdings kurzfristig „geeignet, Erosionstendenzen im Ostblock und damit einer

---

[150] Schöllgen, S. 65.
[151] Baring, Arnulf: Machtwechsel. Die Ära Brandt-Scheel, Berlin 1998, S. 248.
[152] Schöllgen, S. 64.
[153] Ebd., S. 61.
[154] Bender, Peter: Neue Ostpolitik. Vom Mauerbau bis zum Moskauer Vertrag, München 1986, S. 148.
[155] Wilkens, Andreas: Der unstete Nachbar. Frankreich, die deutsche Ostpolitik und die Berliner Vier-Mächte-Verhandlungen 1969-1974, München 1990, S. 8.
[156] Rudolf, Peter: Entspannung/Entspannungspolitik, in: Nohlen, Dieter (Hrsg.): Kleines Lexikon der Politik, München 2001, S. 82

wirksamen Isolierung der DDR Vorschub zu leisten."[157] Allerdings wiederum förderte genau diese ideologische Auflockerung des monolithischen Ostblocks die Möglichkeit von Konflikten zwischen dem Führungsanspruch der Sowjetunion und den nationalen Interessen der Satellitenstaaten. So sah z.B. die Sowjetunion 1968 im Gewaltverzicht und den Friedens- und Verständigungsbemühungen der Bundesrepublik eine Ursache für den ‚Prager Frühling', und den damit begleitenden Erosionserscheinungen im Ostblock.[158] Eine weitere Schelte in diesem August kam aus Paris, da man mit dem nationalen Handeln die Entspannungspolitik ausgeklammert hätte und speziell mit dem „starken Interesse für die Neuordnung in Prag, das Mißtrauen des Kremls verstärkt und sein Eingreifen geradezu provoziert"[159] habe. Dies war indes nicht nur bloß ein schwerer Schlag gegen die Entspannungsbemühungen innerhalb des Weltsystems und der seit 1966 neu regierenden Großen Koalition unter Bundeskanzler Kiesinger und Außenminister Brandt. Er machte auch nach den ausgeprägten Ostbemühungen de Gaulles indirekt deutlich, „daß Frankreich trotz aller Anstrengungen nicht über die Macht verfügte, das Tempo der Entspannung in Europa zu bestimmen."[160] Mit diesem Einmarsch in Zeiten von Entspannung und Zergliederung der Blöcke zeigte sich offensichtlich, dass „die Sowjetunion entschlossen war, keinen Wandel durch Annäherung in ihrer Machtsphäre zuzulassen und keine wesentlichen Veränderungen im Zusammenhalt ihres Bündnisses und in den Systemen ihrer Bündnispartner zu dulden."[161]

Kiesinger und Brandt ließen sich dennoch nicht von ihrer Neuorientierung nach Osten abbringen und betonten auch den Willen der Bundesregierung zur Herstellung diplomatischer Beziehungen mit den östlichen Nachbarn und nahmen 1967 diplomatische Beziehungen zu Rumänien und der Tschechoslowakei, kurze Zeit später zu Jugoslawien auf. Schließlich wurde die deutsche Regierung von Frankreich in ihren diplomatischen Ostbemühungen auch immer wieder unterstützt und ermuntert.[162] Damit gab die Bundesrepublik die Hallstein-Doktrin und einen der bisherigen Grundpfeiler ihrer Deutschland-Politik endgültig auf.[163]

---

[157] Schöllgen, S. 80.
[158] Vgl. ebd., S. 92.
[159] Weisenfeld, Ernst: Ostpolitik und deutsche Frage: Französische Initiativen und deutsche Ostpolitik, in; Manfrass, Klaus (Hrsg.): Paris-Bonn. Eine dauerhafte Bindung schwieriger Partner, Sigmaringen 1984, S. 247-259, hier: S. 250.
[160] Loth, Wilfried: Geschichte Frankreichs im 20. Jahrhundert, Frankfurt a. M. 1992, S. 226.
[161] Kogon, Eugen (Hrsg.): Bilanz der neuen Ostpolitik. Vier Jahre nach Kassel und Erfurt, Frankfurt a.M. 1974, S. 16f.
[162] Vgl. Weisenfeld: Ostpolitik und deutsche Frage, S. 249.
[163] Vgl. Hacke, Christian : Die Außenpolitik der Bundesrepublik Deutschland. Weltmacht wider Willen ?, Berlin 1997, S. 134f.

Nach Westen erreichte die Regierung der Großen Koalition zwar eine Entlastung, ansonsten „brillierte sie durch 'Ausklammern'"[164] der wichtigen außen- und deutschlandpolitischen Fragen. Bei all ihren Bemühungen um eine flexiblere Ostpolitik hatte sie jedoch an den Vorstellungen über das Alleinvertretungsrecht und die lediglich provisorische Oder-Neiße-Grenze festgehalten.[165] Die neue Große Koalition trat selbstbewusster als die Vorgängerregierung auf und wurde auch wieder wichtigster westlicher Handelspartner Moskaus [166], doch fehlte der Ostpolitik trotz mutigen, gedanklichen Neueinschätzungen noch der konzeptionelle Rahmen. Besonders ist es allerdings der Koalition aus CDU und SPD von 1966-69 zu verdanken, dass sie einen grundlegenden Wandel innerhalb der Ostpolitik vollzogen, die Entspannungspolitik forciert und dabei die für eine erfolgreiche Außenpolitik hinderliche ‚Hallstein-Doktrin' begraben hat.

Ohne die ostpolitischen Einleitungen der Großen Koalition, hätte die sozialliberale Koalition von 1969 nicht aus dem Stand heraus mit ihrer dynamischen und verändernden Ost- und Deutschlandpolitik beginnen können.[167]

Die Ostpolitik de Gaulles vor 1969

Staatspräsident de Gaulle (Amtszeit: 1958-1969), verhaftet im Denken eines Einflussgebietes vom ‚Atlantik bis zum Ural', blieb zeitlebens traditionellen Konzepten und Anliegen französischer Politik treu, die innerhalb eines Gesamtkonzeptes zum „spezifisch gaullistischen ‚grand dessein' der sechziger Jahre werden sollten."[168] Er zielte auf die Überwindung des Status Quo durch Beseitigung des bipolaren Gegensatzes zum stärkeren Zusammenwachsen Europas, bemühte sich um die Verständigung mit der UdSSR bei gleichzeitiger Zurückdrängung des amerikanischen Einflusses und war äußerst bedacht auf das nationale Interesse Frankreichs, das allgemeine französische Sicherheitsbedürfnis und dem damit verbundenen deutschen Status.[169] Eine enge und gute Zusammenarbeit mit Deutschland auf der Basis partnerschaftlicher Beziehungen und politisch-wirtschaftlicher Kooperationen ließ die vergangene ‚Erbfeindschaft' und schrecklich blutige Geschichte der beiden Staaten merklich in den Hintergrund treten. Gleichlaufend jedoch waren keinesfalls alle Diskrepanzen abgestreift worden und Interessengegensätze getilgt, so dass trotz alledem bei verschiedenen

---

[164] Ebd., S. 51.
[165] Vgl. Sontheimer/Bleek, S. 51ff.
[166] Vgl. Bender, S. 148.
[167] Vgl. Hacke : Weltmacht wider Willen, S. 139.
[168] Wilkens, S. 17.
[169] Vgl. ebd., S. 17f.

politischen Anlässen – man sieht dies dann verstärkt in Kapitel 3 während der Phase 1969-1974 – oder der deutschen Wiederherstellung wirtschaftlicher Stärke, eine französische Furcht vor dem ‚übermächtigen Nachbarn' aufkam. Daher sah er die Kooperation mit Deutschland immer auch aus dem Blickwinkel der Beobachtung und Beschränkung einer deutschen Hegemonie.

Sein angestrebter Dreischritt ‚détente, entente et coopération' schlug sich in der auffälligen ‚Dreilinienkonzeption' nieder. Um ein Zusammenwachsen der beiden Teile Europas zu erreichen, entwickelte de Gaulle die Beziehungen Paris-Moskau (1966 Reise in die UdSSR), Paris-Warschau (1967 Reise nach Polen) und Paris-Bukarest.(1968 Reise nach Rumänien). Zu nennen wäre darüber hinaus noch die Anerkennung der VR China und der Besuch des rumänischen Ministerpräsidenten in Paris 1964, die Besuche Außenministers Gromykos 1965 und Ministerpräsident Kossygin in Paris 1966. Durch eigene Initiativen mit dem Osten in Kontakt zu treten, sollte die westliche Frontstellung aufgebrochen und eine Verfestigung der bipolaren Situation verhindert werden. [170] Zudem war Frankreich aufgrund sozioökonomischer Interessen an einem Kontakt zu Ostmitteleuropa erpicht, da man durch Handelsverträge, Ex- und Importe durchaus profitierte. [171]

De Gaulle ließ sich keineswegs entmutigen, die Öffnung nach Osten zu betreiben und forcierte ebenfalls die Beziehungen mit Westdeutschland, die wie bereits erwähnt eine zentrale Rolle in de Gaulles Konzeption ausmachten, auch „um sein eigenes politisches Gewicht zu verstärken".[172] Sowohl in Moskau 1966, als auch in Polen wiederholte de Gaulle die Anerkennung der Oder-Neiße-Linie als endgültige polnische Westgrenze, hatte er doch bereits spätestens seit 1958 die östliche Auffassung geteilt, „Bonn müsse die Oder-Neiße-Grenze als endgültig hinnehmen." [173]

Nach dem deutsch-französischen Freundschaftsvertrag von 1963, konnte wieder mit dem Amtsantritt von Bundeskanzler Kiesinger und Außenminister Brandt im Jahre 1966 eine erneute Annäherung der beiden Nachbarn erkannt werden. Die Erwartungen de Gaulles auf ein Tauwetter in den Ost-West-Beziehungen und sein Entspannungskonzept erhielten mit dem Einfall der Sowjets im August 1968 einen tiefen Rückschlag. „Es zeigte sich", so Andreas Wilkens, „daß die Sowjetunion der Aufrechterhaltung ihres Herrschaftssystems die oberste Priorität einräumte" [174] und

---

[170] Vgl. ebd., S. 24-28.
[171] Vgl. Rehfeldt, Udo: Französische Ostpolitik und sozioökonomische Interessen, in: Leviathan, 74. Jg. (1974), H. 2, S. 409-433.
[172] Wilkens, S. 18.
[173] Bender, S. 85.
[174] Ebd., S. 28.

sie sich für eine Entspannungspolitik nur nachrangig engagierte. Das damit erst mal gescheiterte französische Détente-Konzept, das in Paris teilweise als Folge der unvorsichtigen Politik Bonns [175] interpretiert wird, beendete die „für kurze Zeit aufscheinende Möglichkeit einer ‚gemeinsamen' oder doch ineinandergreifenden deutsch-französischen Ostpolitik" [176], die besonders seit 1966 von deutscher Seite ausgebaut wurde.

Moskau und Bonn blieben auch weiterhin die privilegierten Gesprächspartner für Paris und ab 1969 kehrte Frankreich unter dem neuen Staatspräsidenten Georges Pompidou wieder stärker auf einen europäischen und atlantischen Kurs zurück und konnte die führende Rolle innerhalb der Entspannung, aufgrund der deutschen Ostinitiativen, nicht mehr aufrechterhalten.

„Nach de Gaulles Rücktritt wurde das Bemühen um die Herstellung eines dauerhaften Modus vivendi von einer neuen deutschen Bundesregierung übernommen." [177] Die abschließende Frage, ob nun de Gaulle der Begründer der Ostpolitik sei und Brandt ihn bloß kopiert hätte, ist aus Sicht des Autors folgendermaßen zu erklären: Durchaus kann Frankreich als Architekt der Entspannungspolitik gegenüber dem Osten bezeichnet werden. Um mit den Worten von Peter Bender zu sprechen, durchbrach der französische Präsident „als erster Staatsmann des Westens das Ost-West-Schema und dachte die Welt wieder von Europa aus." [178] Zwischen November 1963 und Oktober 1966 galt Frankreich als „aktivster Protagonist der Entspannung in der internationalen Politik" [179] und der General bot schon exemplarisch dar, dass der Ost-West-Konflikt keinesfalls die konstruktive Aussprache und den Meinungsaustausch ausschloss. Präsident de Gaulle trug im Vorfeld nämlich im Wesentlichen dazu bei, die Ostpolitik salonfähig zu machen, so dass Brandt sie unter anderen Rahmenbedingungen fortgeführt hat. Die ‚Neue Ostpolitik' aber war stärker in ein Gesamtkonzept eingebunden, auch intensiver europäischer ausgerichtet und ließ den atlantischen Faden nicht abreißen, den de Gaulle nie besonders stärkte oder gar ausbaute. [180] Bonn konnte sich in der nachfolgenden Zeit stets auf Frankreich berufen, sie betrachteten sich stets als ‚Erfinder der Entspannungspolitik', denn

---

[175] Eine deutsche Mitverschuldung sei durch eine Ermunterung der Prager Reformer entstanden, so der französische Staatspräsident de Gaulle; Brandt zit. in: Wilkens, S. 24.
[176] Ebd., S. 35.
[177] Ebd., S. 24.
[178] Bender, S. 84.
[179] Wilkens, S. 30.
[180] „Soweit die Bundesrepublik Entspannungspolitik betrieben hat, ist sie anderen Anreizen gefolgt als dem französischen Vorbild, dessen antiamerikanischer Beigeschmack viele Deutsche erschreckt hat", in: Schulz, Eberhard: Deutsche und französische Ostpolitik: Zehn Thesen, in: Manfrass, Klaus (Hrsg.): Paris-Bonn. Eine dauerhafte Bindung schwieriger Partner, Sigmaringen 1984, S. 266-269, hier: S. 267.

„Bonn konnte wohl kaum für eine Politik gescholten werden, die de Gaulle vorexerziert und in deren Richtung er die Bundesrepublik jahrelang gedrängt hatte. Die Bonner Ostpolitik stand so in gewisser Weise noch im verlängerten Schutz de Gaulles, und die Regierung Pompidous war sich dieses Umstandes wohl bewußt." [181]

Es kann daher festgestellt werden, dass die Ostpolitik de Gaulles durchaus Vorläufercharakter der späteren ‚Neuen Ostpolitik' besitzt und den Weg für die sozialliberale Ausführung gebahnt hat, da die französische Politik, wie Willy Brandt es auszudrücken vermochte, die „Vision einer Ost und West umspannenden europäischen Friedensordnung nie aus ihrem Blickfeld verloren" [182] habe.

Die ‚Neue Ostpolitik' der Regierung Brandt / Scheel und die deutsch-französischen Beziehungen

Hintergründe der ‚Neuen' deutschen Ostpolitik und französische Positionen

Mit dem Amtsantritt der sozialliberalen Koalition 1969, sollte eine bedrohende Isolierung abgewendet und mit einer „ostpolitischen Wende … eine Bereinigung der Verhältnisse im Rahmen des Möglichen" [183] erreicht werden, um dadurch „Bewegungsfähigkeit für die deutsche Politik zurückzugewinnen." [184] Die Regierung Brandt wollte in den nachfolgenden Jahren durch eine Revision der früheren ostpolitischen Ansätze weiträumiger und facettenreicher handeln als die Große Koalition, die sich als unfähig erwies, „die Lähmung, die Stagnation unserer Ostpolitik zu überwinden." [185]

So entstand die Ostpolitik im Grunde direkt im geteilten Berlin, dort wo die Spaltung Deutschlands am sichtbarsten wurde [186], die Mauer wurde somit zum Ausgangspunkt einer prinzipiellen Neugestaltung. Die Ostpolitik war die vernünftige Antwort auf die Mauer, der beharrliche Versuch, einen Krisenherd abzukühlen und Entspannung zu schaffen.

Für diese Anfänge einer neuen Politik waren viele gleichzeitig vorhandene Voraussetzungen gegeben, die der ‚Neuen Ostpolitik' Anschub gaben. Motive für die ostpolitische Öffnung waren politischer, moralischer und vor allem wirtschaftlicher Art. Im Vordergrund stand allerdings die Einsicht, dass sich der

---
[181] Wilkens, S. 38.
[182] Brandt zit. in: Ebd., S. 39.
[183] Baring, S. 236.
[184] Ebd.
[185] Ebd., S. 237.
[186] Vgl. Bender, S. 123.

Status quo in Europa stabilisiert hatte und sich die Bundesrepublik der Wirklichkeit anpassen müsse. [187,188] Ebenso wurde die Politik nur möglich durch „einen breiter werdenden Strom sich verändernden Denkens" [189], die Akzeptanz Frankreichs und der Westmächte zur aktiven Entspannungspolitik, die „außenpolitische Kompatibilität, innenpolitischer Konsens und eine große koalitionspolitische Homogenität" [190] und darüber hinaus die endgültige Aufgabe der Hallstein-Doktrin.

Zudem trat mit dem Regierungswechsel von de Gaulle zu Pompidou ein Wandel in Frankreich ein, der einen Politikwechsel in der Außenpolitik mit sich zog. Die vormalige französische Initiative in der Ostpolitik wurde mittlerweile an die Bundesrepublik verloren und das Triptychon „Entspannung – Verständigung – Kooperation" hatte sich für Frankreich überholt, so dass Pompidou trotz Treue zur gaullistischen Tradition neuen aktuellen Gegebenheiten Rechnung tragen musste. Der Dreischritt, den Westdeutschland vor allem im Bezug zur DDR eher als Weg vom Gegeneinander übers Nebeneinander zum Miteinander verstand [191], war unter Pompidou stärker in einem europäischen Rahmen eingebunden und auf die französisch-sowjetischen Beziehungen angewandt worden. Das noch unter de Gaulles stark auf die Veränderung des Status quo zielende Frankreich, entwickelte sich unter Pompidou „entgegen den Intentionen des Generals zu einer Macht, die den Status quo in Europa garantieren half." [192]

Das europafreundliche Kabinett Pompidous [193], die Kehrtwende in der skeptischen England-Position [194], die guten deutsch-französischen Kooperationen auf den Gipfelkonferenzen von Den Haag 1969 oder Paris 1972 und die prinzipielle französische Zustimmung zur ‚Neuen Ostpolitik' Deutschlands, ließen den Rahmen für die neue Entspannungspolitik positiver erscheinen und ermöglichten umso mehr die Chancen für ein erneutes Tauwetter in den Ost-West-Spannungen.

All diese Faktoren, die zusammentrafen, bildeten die ideale Voraussetzung neben einer Beibehaltung der Westbindungen die Ostbeziehungen voranzutreiben und damit die Ostpolitik im Westen zu verankern – so „wurde die Furcht vor einer

---

[187] Vgl. Schöllgen, S.227ff.
[188] Vgl. Hanrieder, Wolfram F. : Deutschland, Europa, Amerika. Die Außenpolitik der Bundesrepublik Deutschland 1949-1994, 2. Aufl. , Paderborn 1995, S. 202.
[189] Bender, S. 115.
[190] Hacke : Weltmacht wider Willen, S. 152.
[191] Vgl. Kogon, S. 13.
[192] Loth: Geschichte Frankreichs, S. 229.
[193] Chaban-Delmas, M. Schumann, Giscard d'Estaing, Pleven, Duhamel und Fontanet wären zuvörderst zu nennen: Vgl. Grosser, Alfred: Frankreich und seine Außenpolitik. 1944 bis heute, München 1989, S. 294.
[194] De Gaulle hatte sich zeitlebens gegen einen Beitritt Großbritannien gesträubt und auch zuletzt sein Veto eingelegt

Wiederauflage der deutschen Schaukelstuhlpolitik gebannt." [195] Somit wollte die Regierung stets garantieren, dass die Ostpolitik die Westbindung nicht beeinträchtigte, sondern die feste Verankerung im Westen die Öffnung nach Osten erst möglich machte. In diesem Sinne „wäre Brandts Ostpolitik unmöglich gewesen ohne die in der Ära Adenauer erfolgte grundlegende Neuorientierung der Bundesrepublik zum Westen hin" [196] und erfolglos ohne die Unterstützung und Zustimmung der westlichen Bündnispartner, insbesondere Frankreich. Auch wenn zahlreiche außenpolitische Positionen und Grundinteressen verschieden waren [197] und sich Pompidou vor allem in Frage der deutschen Ostpolitik von „geopolitischen Gesichtspunkten bestimmen [ließ] und nicht die psychologischen und sogar moralischen Aspekte der Debatte in Deutschland [begriff]" [198], konnten die Franzosen als Unterstützer der ‚Neuen Ostpolitik' gewonnen werden. Und doch hatte sich der neue Staatspräsident Pompidou einen „Mangel an Einfühlungsvermögen und eine gute Portion Mißtrauen bewahrt, eine schlechte Ausgangsbasis für den vollständigen Abbau psychologischer Barrieren zwischen Partnern." [199] Das wirkte sich selbstverständlich auch auf die Beziehungen zwischen Pompidou und Brandt aus, dessen persönlich kühles Verhältnis aufgrund der unterschiedlichen Charaktere und Denkweisen zustande kam: Pompidou als „zynische[r] Realist" [200] und Brandt als „moralische[r] Realist" [201] – das konnte sich nicht mühelos vertragen!

Die ständige Angst an ein erneut ‚übermächtiges Deutschland' [202], das Misstrauen gegenüber Deutschland aufgrund der wirtschaftlich und politisch stärker werdenden Bundesrepublik [203], den Bedenken des Tempos der ‚Neuen Ostpolitik' und der alleinigen Aufnahme der Gespräche mit dem Osten, ohne Vermittler, und der Angst vor der Möglichkeit einer Wiedervereinigung, summierte sich in bestimmtem Argwohn gegenüber Westdeutschland. Eine mehr oder minder kontinuierliche Angst vor der ‚Finnlandisierung Europas' und vor allem der ‚Neutralisierung Deutschlands' herrschte im Zusammenhang mit der Ostpolitik in

---

[195] Hacke : Weltmacht wider Willen, S. 173.
[196] Kaiser, Karl: Die neue Ostpolitik, in: Aus Politik und Zeitgeschichte, 29. Jg. (1979), Bd. 43, S. 3-10
[197] Vgl. Schulz, S. 266.
[198] Soutou, Georges-Henri: Präsident Georges Pompidou und die Ostpolitik, in: Niedhart, Gottfried (Hrsg.)/Junker, Detlef (Hrsg.) / Richter, Michael W. (Hrsg.): Deutschland in Europa. Nationale Interessen und internationale Ordnung im 20. Jahrhundert, Mannheim 1997, S. 171-179.
[199] Grosser, S. 286.
[200] Merseburger, Peter: Willy Brandt. 1913-1992. Visionär und Realist, Stuttgart / München 2000, S. 629.
[201] Ebd.
[202] Hier forcierte und unterstützte Paris den britischen EG-Beitritt als Balance in Europa und Gegengewicht u Westdeutschland: Vgl. Weisenfeld: Ostpolitik und deutsche Frage, S. 251; Vgl. Wilkens, S. 43f.; Vgl. Kiersch, Gerhard: Frankreichs Reaktion auf die westdeutsche Ostpolitik, in: Jahn, Egbert / Rittberger, Volker (Hrsg.): Die Ostpolitik der BRD. Triebkräfte, Widerstände, Konsequenzen, Opladen 1974, S. 181-206.
[203] Vgl. Wilkens, S. 58.

Paris vor, obgleich Bonn immer wieder deutlich zu verstehen gab, dass ihnen die Aufrechterhaltung der westlichen Bindungen primär als wichtig erscheine, sie um Vertrauen warb, Berechenbarkeit zusicherte und versprach, dass sie keinerlei Politik betreiben werde, deren Interessen gegen den Frankreich gerichtet sei. Trotz dieser persönlichen Dispositionen und der in der Geschichte Frankreichs allgegenwärtigen Bemühungen um das Gleichgewicht Europas, mitsamt des intensiven französischen Eintretens für Sicherheitsfragen, hinderte all dies die französische Regierung und Pompidou nicht daran,

„die deutsch-französische Kooperation während seiner Präsidentschaft als ein tragendes Element seiner Außenpolitik zu akzeptieren und die Zusammenarbeit mit der Bundesrepublik zu suchen. Hinsichtlich der deutschen Ostpolitik war [Pompidou] Realist genug, um zu sehen, daß der Zeitpunkt für eine aktive Politik Bonns zur Regelung der offenen Fragen in den Beziehungen zu den Ländern Osteuropas und im Verhältnis zur DDR gekommen war." [204]

Der ‚Kalte Krieg' festigte die Sturheit der Herrschaftssysteme, die Entspannung sollte die blockierenden Machtblöcke lockern. Um diese Entspannung durch die Ost- und Deutschlandpolitik zu erreichen, dachte Bonn an Vereinbarungen im ‚Viereck Bonn-Berlin-Moskau-Warschau', um schließlich den gesamten Außenbeziehungen einen multilateralen Rahmen zu geben. Es wurde nämlich erkannt, dass der Schlüssel zur Entspannungspolitik in Moskau und Warschau lag und dass „alle Fragen der Ostpolitik miteinander unlöslich verschränkt waren. Man konnte mit der DDR oder mit Polen nicht weiterkommen, ohne sich zuerst mit der Sowjetunion zu einigen ... Und man konnte die Zustimmung zur Sicherung des Berlin Statuts nicht erhalten, wenn die Sowjetunion nicht wußte, daß sie Zug um Zug die Freigabe der internationalen Anerkennung der DDR erhalten würde." [205]
So wurden die Verhandlungen in Form von systematischer Kombination mehr oder weniger gleichzeitig geführt und anschließend zum Abschluss gebracht. [206]

Der Start dieser Politik der Verständigung erfolgte bereits kurz nach Antritt der neuen Regierung im Jahre 1969 mit der Aufnahme der Gespräche mit Moskau.

Moskauer Vertrag von 1970

1969 begann die Sowjetunion eine neue Haltung gegenüber dem Westen zu signalisieren, indem sie zu verstehen gab, „daß sie nicht mehr als unmittelbares Ziel die sogenannte Auflösung der Militärblöcke in Europa verfolge, sondern ...

---
[204] Ebd.
[205] Kogon, S. 19f.
[206] Vgl. ebd., S. 20.

begann ... ihre Forderungen auf Anerkennung der DDR und der Oder-Neiße-Grenze ... nicht mehr als Vorbedingung einer ernsthaften Verhandlung mit der Bundesrepublik zu stellen, sondern statt dessen zu verstehen [gab], daß dies Verhandlungsziele seien." [207] Diese Wende in der sowjetischen Westpolitik war die Voraussetzung für eine erfolgreiche Ostpolitik. Und wollte man etwas im Verhältnis zwischen Ost und West ändern, kam man an der Supermacht UdSSR nicht vorbei. So gaben die Machtverhältnisse den Ausschlag, wo die deutsche Ostpolitik startete, nämlich in Moskau, dort wo der Schlüssel zur deutschen Frage lag, denn „ohne oder gar gegen die Sowjetunion hätte auch die Regierung Brandt/Scheel sich festgelaufen." [208] Frankreich beobachtete diese Kontaktaufnahme und Verhandlungen durchaus kritisch, wurde jedoch von Bonn über die diplomatischen Vertretungen ständig unterrichtet und etwaige französische Restbedenken wurden auf den deutsch-französischen Gipfelkonsultationen vom 3. und 4. Juli 1970 zu entkräften versucht. [209]

Seit Januar 1970 begannen die Verhandlungen und Vorarbeiten zum Moskauer Vertrag, die Egon Bahr vor allem mit dem sowjetischen Außenminister Gromyko in Moskau führte. Der Moskauer-Vertrag wurde schließlich am 12. August 1970 von Brandt, Scheel, Gromyko und Kossygin unterzeichnet und bildete schließlich den Rahmen für die folgenden Verträge mit Polen und der DDR. [210] Bereits zwei Tage zuvor wurde Frankreich durch den deutschen Außenminister Scheel über den Vertragsabschluss unterrichtet. [211]

Entgegen der positiven Urteile der französischen Öffentlichkeit, fühlte sich Frankreich in den Beziehungen zur Sowjetunion von Deutschland überholt. In der Tat hatte die Bundesrepublik Frankreich den Rang der ‚Entspannungsvormacht' abgelaufen und ließ Frankreichs Rolle im Osten schrumpfen. [212] Aus der Sicht von Eberhard Schulz neigte Frankreich daher dazu „die Bundesrepublik als Rivalen im Kampf um den ersten Platz als Partner der Sowjetunion anzusehen" [213] und hatte gar die Angst vor einem „sowjetisch-deutschen Kondominium über Europa unter vorherrschendem Einfluß Moskaus". [214] Doch war dieser Vertrag wahrlich kein Grund zur Sorge, die französisch-sowjetischen Beziehungen könnten sich lösen oder sich vollkommen zugunsten der deutsch-sowjetischen Beziehungen

---

[207] Kogon, S. 17.
[208] Bender, S. 170.
[209] Vgl. Wilkens, S. 95ff.
[210] Vgl. Schöllgen, S. 104ff.
[211] Vgl. Wilkens, S. 98.
[212] Vgl. Kiersch, S. 184.
[213] Schulz, S. 268.
[214] Soutou, S. 173.

verschieben. Die Sowjetunion gab der französischen Regierung keinen Grund zur Besorgnis: „Die Häufigkeit der Begegnungen zwischen Georges Pompidou und Leonid Breschnew ließ den Gedanken an ein den deutsch-sowjetischen Beziehungen gewährtes Privileg erst gar nicht aufkommen."[215]

Im Moskauer Vertrag verpflichteten sich die deutsche und russische Seite, die „territoriale Integrität aller Staaten in Europa in ihren heutigen Grenzen uneingeschränkt zu achten."[216] Sie erklärten, dass sie „keine Gebietsansprüche gegen irgend jemand haben und solche in Zukunft auch nicht erheben werden"[217] und betrachteten „heute und künftig die Grenzen aller Staaten in Europa als unverletzlich ... einschließlich der Oder-Neiße-Linie"[218] als Westgrenze Polens. So erkannte die Bundesrepublik den Status quo in Europa de facto an und die Sowjetunion hatte damit erreicht, was „sie seit 15 Jahren anstrebte: die deutsche Anerkennung für ihr mitteleuropäisches Imperium."[219]

Historisch stand die neue Regierung damit in der Tradition des Weimarer Außenministers Walter Rathenau, der bereits 1922 mit dem ‚Vertrag von Rapallo' einen Ausgleich zwischen Russland und dem Westen anstrebte.[220] Ebenso wie Rathenau 48 Jahre zuvor, schafften sich Brandt und Scheel durch diese Aussöhnung mit der UdSSR und der Regelung der Vergangenheitsprobleme, größeren Handlungsspielraum für ihre eigene Außenpolitik. Durch den Moskauer Vertrag wurden Kontaktaufnahmen mit Polen, der CSSR und der DDR ermöglicht und die Grundlage für die kommende Entspannungspolitik gelegt. Wie Rathenau wurde auch Brandt der Ausverkauf deutscher Interessen vorgeworfen und er selbst als „Erfüllungspolitiker"[221] beschuldigt. Nichtsdestotrotz hat Brandt die Bundesrepublik, ebenso wie Rathenau die Weimarer Republik, damit nun vollkommen aus einer möglichen Isolierung herausgeführt und größere Handlungsfreiheit zurückgewonnen.

Ebenso dieser historische Bezug zu Rapallo mitsamt seinen negativ besetzten Konnotationen als Ausdruck der Skepsis, trat auch bei vielen französischen Politikern zu Tage. Trotz dem in den Verhandlungen bewiesenen Festhalten am deutschen Versprechen, Frankreich stets zu unterrichten und konsultieren, ohne durch Alleingänge unnötige Ängste zu provozieren, fühlte sich die französische

---

[215] Grosser, S. 304.
[216] Bender, S. 238.
[217] Ebd.
[218] Ebd.
[219] Ebd., S. 174.
[220] Vgl. Hacke: Weltmacht wider Willen, S. 163.
[221] Ebd.

Politik und Öffentlichkeit in den französischen Interessen beeinträchtigt. Die ‚Rapallo-Befürchtungen' entstanden im Kontext der Sorge vor einer Herauslösung Deutschlands aus dem westlichen Bündnis und einer Verfolgung „einer an nationalen (wenn auch nicht nationalistischen) Zielen orientierte Interessenpolitik." [222]

Dass die Reise Brandts nach Oreanda in die Krim im September 1971 durch die dilettantischen Reisevorbereitungen, die fehlende Konsultation Frankreichs, ‚rapalloähnlichen Überraschungscoupcharakter' trug, die Franzosen verärgerte und damit den Höhepunkt des Misstrauens zwischen beiden Regierungen darstellte, ist nicht zu bestreiten. [223] Jedoch einen Rapallo-Bezug zum Moskauer Vertrag herzustellen, war auch für den französischen Außenminister Schumann nicht nachvollziehbar, so dass er ausführlich im November 1970 in der Nationalversammlung die Unterschiede vortrug und eine Gleichsetzung der beiden Ereignisse von 1922 und 1970 als unzulässig erklärte. [224]

Der Moskauer Vertrag war ein „eindrucksvoller Auftakt für den Willen der Bundesregierung zur Kodifizierung der Beziehungen nach Osten" [225], um in nachfolgender Zeit bis 1972 die wichtigen Abkommen mit Polen und der DDR zu verwirklichen, der letztendlich auch offiziell vom Präsident begrüßt wurde. In einer Stellungnahme des Elysée ließ der Präsident verlauten:

„Getreu seiner Politik der Entspannung und der Kooperation unter allen europäischen Ländern begrüßt Frankreich das Abkommen zwischen der BRD und der UdSSR, ein Abkommen, dessen Abschluß es unablässig ermutigt hat und das einen wichtigen Beitrag leistet zur Herstellung einer wirklichen Sicherheit in Europa." [226]

Nicht alle Probleme konnten im Moskauer Vertrag gelöst werden, sondern viele „wurden lediglich abgekapselt." [227] Ein weiteres Problem war ein Konflikt mit Warschau um die Oder-Neiße-Grenze, die bereits im Moskauer Vertrag verhandelt wurde. Es wäre jedoch von den Russen nicht akzeptiert worden, ja vielleicht sogar verhindert worden, wenn man zuerst die Gespräche darüber mit den Polen geführt hätte. [228]

---

[222] Kiersch, S. 184.
[223] Vgl. ebd., S. 184f.
[224] Vgl. Wilkens, S. 102.
[225] Hacke: Weltmacht wider Willen, S. 164.
[226] Pompidou zit. in: Wilkens, S. 98.
[227] Hacke: Weltmacht wider Willen, S. 164.
[228] Vgl. Baring, S. 304.

Dieses Oder-Neiße-Problem sollte dann endgültig im nachfolgenden Warschauer Vertrag, noch im selben Jahr, zwischen West-Deutschland und Polen verhandelt und gelöst werden.

Warschauer Vertrag von 1970

Der Warschauer Vertrag stellte einen Parallelvertrag zum Moskauer Vertrag dar. Er deckte sich bezüglich seines Inhalts und seiner wesentlichen Formulierung mit diesem.

Dass bereits in besagtem Moskauer Vertrag über die Oder-Neiße-Grenze verhandelt wurde, ohne Teilnahme und vorherige Abstimmung mit der Regierung in Warschau, verärgerte die polnische Regierung. Besonders bei dem historischen Hintergrund, dass bereits 1939 im Hitler-Stalin-Pakt im geheimen schon einmal über Polen verhandelt wurde, lässt die Empörung als begründet erscheinen. [229] Um Polen deshalb entgegenzukommen, um „Warschau einen Ausgleich zu geben, fand sich die Bundesregierung ... bereit, die Grenzfeststellung an die Spitze ... zu setzen und den Gewaltverzicht auf den zweiten Platz." [230]

Hatte de Gaulle schon 1944 und Ende der 50er Jahre die Oder-Neiße als unabänderliche Grenze Polens bezeichnet, konnte die Position der Regierung Chaban-Delmas nur positiv und befürwortend sein. Da es sich doch um die deutsch-polnische Grenze handelte, war ihre Anerkennung von deutscher Seite für den Osten bei weitem gewichtiger. [231] Noch knapp zwei Wochen vor Vertragsunterzeichnung war der Premierminister auf Staatsbesuch in Warschau, bei dem er die „hellsichtige und mutige Politik" [232] des Bundeskanzlers lobte, während zwei Tage vorher der französische Außenminister im französischen Parlament nochmals die Staatsgrenze als „irreversibles Faktum" [233] erklärte.

Am 07.12.1970 unterzeichneten Bundeskanzler Brandt, Außenminister Scheel, Ministerpräsident Cyrankiewicz und Außenminister Jedrychowski den „Vertrag zwischen der Bundesrepublik Deutschland und der Volksrepublik Polen über die Grundlagen der Normalisierung ihrer gegenseitigen Beziehungen." [234]

Die beiden Staaten sicherten sich im Warschauer Vertrag die Unverletzlichkeit ihrer Territorien zu und erklärten, auf die Anwendung von Gewalt zu verzichten

---

[229] Vgl. Schöllgen, S. 107.
[230] Bender, S. 177.
[231] Vgl. Grosser, S. 303.
[232] Chaban-Delmas zit. in : Wilkens, S. 104.
[233] Schumann zit. in : Wilkens, S. 104.
[234] Bender, S. 240.

und Streitfragen „ausschließlich mit friedlichen Mitteln" [235] zu lösen. Ebenfalls bekundeten sie noch ihre Absicht zur „vollen Normalisierung und umfassenden Entwicklung ihrer gegenseitigen Beziehungen" [236] So war der Warschauer Vertrag, wie auch der Moskauer Vertrag, ein Gewaltverzichtsabkommen und im Wesentlichen ein Grenzvertrag durch die Festlegung der Oder-Neiße-Grenze, die bis dahin nicht anerkannt wurde. Der Verlauf der Grenze wurde nun als ‚unverletzlich' angesehen. [237] In Frankreich herrschte Genugtuung darüber, dass die sozialliberale Koalition den Weg de Gaulles ging, indem nach mehrmaligen Aufforderungen in Richtung Bonn sie die Grenze anerkannte und damit das Bemühen Frankreichs erleichterte, „die Abhängigkeit der osteuropäischen Staaten von der Sowjetunion zu lockern; und ihre Bemühungen um Klimaverbesserung auf der Grundlage des Status quo förderte den von Frankreich angestrebten Abbau der Blockkonfrontation." [238]

Mit der Anerkennung dieser Grenze wurde die Ost-West-Spannung weiter abgebaut, doch musste die deutsche Regierung auch in Kauf nehmen, dass „der Gebietsverlust von über 100.000 qkm an Polen und die Vertreibung von Millionen Deutschen ... unerwähnt blieb." [239] Trotz des berechtigten politischen, historischen und moralischen Beweggrund für diesen Vertrag, mitsamt der enorm großzügigen deutschen Bereitschaft zu Gesten der Wiedergutmachung, ist es nicht gelungen, „Gegenleistungen für die Anerkennung der polnischen Westgrenze im Vertrag festzuschreiben. Das galt vor allem für die Fragen der Familienzusammenführung [und] der Übersiedlung deutschstämmiger Polen." [240] So wird der Vertrag im nachhinein auch oft als unausgewogen [241], die Verhandlungsführung als „überstürzt und ungeschickt" [242] bewertet. Und doch war mit diesem Vertrag nicht erst jetzt ein Verlust von Gebieten, durch die formelle Akzeptanz und Festschreibung der Oder-Neiße-Grenze als Westgrenze durch die deutsche Bundesregierung gegeben, da bereits seit der Festlegung der Grenzen durch die Siegermächte auf der Potsdamer Konferenz 1945 der Status quo gegeben war, der den Verlust des deutschen Staatsgebietes besiegelte.

Und diese Akzeptanz bedeutete zugleich die erneute offizielle Anerkennung der deutschen Niederlage im zweiten Weltkrieg, die die Aussöhnung mit Polen

---

[235] Bender, S. 241.
[236] Ebd.
[237] Vgl. ebd.
[238] Loth: Geschichte Frankreichs, S. 227.
[239] Bingen, Dieter: Die Polenpolitik der Bonner Republik von Adenauer bis Kohl 1949-1991, Baden-Baden 1998, S. 137.
[240] Schöllgen, 108f.
[241] Vgl. Hacke: Weltmacht wider Willen, S. 167.
[242] Schöllgen, S. 108.

beförderte. Der hinzukommende Kniefall vor dem Denkmal im Warschauer Ghetto durch Willy Brandt dokumentierte „im Namen der Deutschen Bescheidenheit, Reue und Scham über die vergangene Schuld" [243], beförderte die Lockerung der erstarrten Fronten und zeigte, wie offensichtlich die deutsche Regierung der Verantwortung für Frieden in Europa gerecht werden wollte. [244] Dass darüber hinaus gerade Brandt, der im Krieg selber emigrieren musste, „selbst Opfer, nicht Täter gewesen war, sich für sein Land und seine Geschichte zu diesem Schuldeingeständnis bereit fand", [245] stand für die ernsten Bemühungen, die Vergangenheitsprobleme beizulegen und der Vernunft eine neue Chance zu geben.

Viermächteabkommen von 1971

Das Berlinabkommen wurde am 3. September 1971 zwischen den drei westlichen Siegermächten Frankreich, USA und Großbritannien sowie der UdSSR unterzeichnet und diente allem voran zur Erleichterung des Transitverkehrs zwischen Westberlin und der Bundesrepublik. Noch im selben Jahr schlossen die Bundesrepublik und die DDR das Transitabkommen zur Ausführung der Bestimmungen des Viermächteabkommens über Berlin. Ohne ein sinnvolles Abkommen über Berlin, dem Brennpunkt von Ost und West, und die Zugänge nach Berlin, hätte alles ‚in der Luft gehangen', was unter dem Sammelbegriff Ostpolitik subsummiert wird.

Das Abkommen schrieb zunächst die Verantwortung der vier Mächte für Berlin und ihre Rechte in Berlin fort und bestätigte den völkerrechtlichen Status quo der Stadt. [246] Damit blieb Frankreich auch weiterhin einer der vier Mächte, die auch künftig

„über das Schicksal eines Deutschland [entschieden], das zum Teil seinen Objektcharakter bewahrt hat oder zumindest ein Gebilde darstellt[e], das sich aus zwei Staaten mit eingeschränkter Souveränität und einer geteilten Stadt zusammensetzt[e], die ganz unmittelbar den unverändert gültigen Befugnissen der ehemaligen Sieger [unterstand]." [247]

Die Berlin Frage war daher auch keine Verhandlung im bilateralen Sinne der Bundesrepublik mit dem Osten wie bisher. Fragen wie die Zugänge von und nach Berlin konnten nach Ansicht der Siegermächte nicht eine Sache zwischen der

---
[243] Hacke : Weltmacht wider Willen, S. 166.
[244] „Nach Michel Jobert ‚schockierten' den französischen Präsidenten ... ‚die öffentlichen Kniefälle' des Bundeskanzlers", in: Wilkens, S.60.
[245] Schöllgen, S. 108.
[246] Vgl. Bender, S. 186-190.
[247] Grosser, S. 301.

Bundesrepublik und der DDR oder zwischen dem Berliner Senat und der Regierung der DDR sein. Sie gehörte in die Kompetenz der Vier Mächte, und diese verhandelten über Berlin. Präsident Pompidou meldete von Beginn an aufgrund skeptischer Überlegungen Vorbehalte gegenüber einer Berlin-Regelung an und wollte keinesfalls den Status von Berlin ändern. Er wies eine unterschiedliche Behandlung für beide Berlinteile ab und lehnte die Idee ab, dass „West-Berlin in vollem Sinn ein Land der Bundesrepublik Deutschland werden könne. Er lehnte es ab, ein Abkommen über Berlin zur Bedingung einer Ost-West-Entspannung zu machen". [248] Statt dessen hat er die Lösung vorgezogen, die „Verhandlungen auf praktische Fragen zu begrenzen, die das Leben der West-Berliner betraffen."[249] Frankreich, vertreten durch den erfahrenen und mit der Berlin-Problematik vertrauten Botschafter Sauvagnargues [250], verfochte daher intensiv sein Mitspracherecht und setzte sich unter anderem in der Frage der Nichtübersetzung des Vertragstextes auf deutsch durch. [251] Aus Sicht des französischen Unterhändlers erhalte die DDR dadurch „ein Interpretationsrecht, das die sowjetische Verantwortung verwässere." [252] Gleichzeitig lässt sich diese „,legalistische' Haltung Frankreichs ... als Kompensierung [eigener] machtpolitischer Defizite" [253] deuten.

Die UdSSR verpflichtete sich konkret den Transitverkehr ziviler Personen und Güter durch das Gebiet der DDR nach Westberlin zu erleichtern und nicht zu behindern. Des Weiteren wollte sie die Kontakte zwischen Westberlin und Ostberlin sowie der DDR ermöglichen, wobei Westberlin weiterhin kein konstitutiver Teil der Bundesrepublik sei und auch nicht von ihr aus regiert werden dürfe – besonders Moskaus Interesse lag speziell darin, die Vorbehalte der Vier Mächte ausdrücklich von den Verträgen als unberührt zu erklären. Außerdem verpflichteten sich die Vertragspartner zur Verbesserung der Kommunikations- und Reisemöglichkeiten zwischen West- und Ostberlin sowie zwischen Westberlin und der DDR.

Mit dem am 03.06.1972 in Kraft getretenen Berlinabkommen hatte die UdSSR die De-facto-Anerkennung der DDR durch die Westmächte und die Bundesrepublik erreicht und erkannte ihrerseits die enge Bindung von Westberlin an die

---

[248] Soutou, S. 174.
[249] Ebd.
[250] „Tatsächlich mochte Sauvagnargues zum Zeitpunkt der Berlin-Verhandlungen als der beste und erfahrenste Deutschland Experte des französischen Außenministeriums gelten", in: Wilkens, S. 130.
[251] Vgl. Weisenfeld, Ernst: Welches Deutschland soll es sein ? Frankreich und die deutsche Einheit seit 1945, München 1986, S. 119f.
[252] Ebd., S. 120.
[253] Wilkens, S. 193.

Bundesrepublik an.[254] Auch Frankreich galt als ein Gewinner durch den Vier-Mächte-Status-Erhalt von Berlin: Es konnte weiterhin als „Mittel zur Kontrolle der deutschen Frage"[255] gehandhabt werden. Im Ganzen konnte Frankreich seine bestehenden Rechtspositionen unbeschadet verteidigen und die Mitspracherechte in Deutschland weiter sichern.

Ferner war das Berlinabkommen nicht dazu in der Lage, alle Probleme zu lösen, konnte diese aber „einkapseln und einen verbesserten Modus vivendi in und um Berlin schaffen. Zum erstenmal wurde am Beispiel Berlin das Syndrom der deutschen Teilung nicht verstärkt, sondern zum friedlichen Ausgleich für Entspannung ... genutzt."[256] Als Ergebnis der ‚Neuen Ostpolitik' brachte das Berlinabkommen somit wesentliche Fortschritte für die Berliner Bevölkerung und war zugleich ein wichtiger Schritt auf dem Weg zur Neugestaltung des Verhältnisses zwischen den beiden deutschen Staaten, wie es sich im 1972 geschlossenen Grundvertrag zwischen der Bundesrepublik und der DDR manifestierte.

Grundlagenvertrag von 1972 und französisch-ostdeutsche Beziehungen

Nachdem man sich nun mit der Sowjetunion und Polen geeinigt hatte, wagte sich die Bundesrepublik an den Versuch, die bereits begonnenen Verhandlungen mit der DDR erfolgreich zum Abschuss zu bringen. Man hatte mittlerweile erkannt, dass die „Politik der Aufrechterhaltung der internationalen Nichtanerkennung der DDR [und] der Nichtanerkennung der Rechtlichkeit der Grenzen"[257] nicht mehr nur ihre angestrebten Ziele nicht erreichte, sondern auch „in zunehmenden Maße Fragen der Sicherheit, der Existenzsicherheit der Bundesrepublik selbst aufwarf".[258]

So begannen im November 1970 die Gespräche zwischen Egon Bahr und dem DDR-Staatssekretär Michael Kohl, die am 21.12.1972 schließlich zur Unterzeichnung des Grundlagenvertrages führten[259], während der französische Nachbar mit Wohlwollen das Geschehen verfolgte. War noch zur Zeit de Gaulles eine Anerkennung des zweiten deutschen Staates aufgrund der eigenen Bekennung zum deutschen Alleinvertretungsanspruch völlig undenkbar gewesen, kam auch

---

[254] Vgl. Bender, S. 186-190 und Vgl. Hacke, Christian : Die Außenpolitik der Bundesrepublik Deutschland. Von Konrad Adenauer bis Gerhard Schröder, Frankfurt a.M. / Berlin 2003, S. 169-175.
[255] Soutou, S. 175.
[256] Hacke : Die Außenpolitik der Bundesrepublik Deutschland, S. 172.
[257] Kogon, S. 15.
[258] Ebd., S. 15 f.
[259] Vgl. Schöllgen, S. 118ff.

noch unter Pompidou eine diplomatische „Anerkennung der DDR bis zu einer Klärung des deutsch-deutschen Verhältnis nicht in Frage." [260] Frankreich entsprach damit dem Willen der deutschen Regierung und wartete die Ratifikation des Grundlagenvertrages ab, bevor es die diplomatischen Beziehungen zur DDR aufnahm und diese offiziell anerkannte.

Der Grundlagenvertrag ging von der Existenz zweier deutscher Staaten aus. Der Vertrag schaffte verbesserte Beziehungen in den Bereichen humanitärer Sektor, Wirtschaft, Wissenschaft, Technik und Verkehr. Dazu gehörten vor allem explizit Familienzusammenführungen und Erleichterungen im Reise- und Besuchsverkehr.

Es wurde von der territorialen Integrität und der Unverletzlichkeit ihrer Grenzen ausgegangen und beide Staaten versicherten sich gegenseitig, dass sich ihre Hoheitsgewalt nur auf ihr jeweiliges Staatsgebiet beschränkt. [261] Aufgrund dieser vertraglich vereinbarten Gleichberechtigung wurde die DDR nun erstmals offiziell anerkannt und brachte der DDR, auch nach Aufgabe der Hallstein-Doktrin, den „internationalen Durchbruch" [262] und „den Zugang zur Arena der internationalen Politik". [263] Entsprechend schnell nahmen die Westalliierten und viele blockfreien Staaten kurz danach den Kontakt zur DDR auf, Paris schon einen Tag später. [264] Frankreichs schnelle Reaktion lässt sich unter anderem durch Gerhard Kierschs prägnante Interpretation der französischen Haltung deuten: „Die machiavellistisch-pragmatistische Haltung, die bis ins Regierungslager hinein verbreitet ist, begrüßt die Existenz der DDR als Garantie für die Verhinderung der Wiedervereinigung Deutschlands, die im Grunde kein Franzose will." [265]

Einen regen wirtschaftlichen Kontakt hatte Frankreich bereits mit der DDR geknüpft: Kommunistische Gemeindepartnerschaften und Austauschbeziehungen z.B. zwischen der Humboldt-Universität und der Sorbonne bestanden, das Handelsvolumen zwischen beiden Ländern wurde fortdauernd ausgedehnt, seit 1964 gab es Großaufträge der DDR an die französische Industrie, die Reisebeschränkungen wurden für DDR-Wirtschaftsmanager abgebaut und offizielle Handelsmissionen wurden in beiden Ländern errichtet. [266] Als Durchbruch der Wirtschaftsbeziehungen wurde unter dem maßgeblichen Einfluss von Georges Villiers, dem früheren französischen Präsidenten des

---

[260] Wilkens, S. 112.
[261] Vgl. Bender, S. 247ff.
[262] Schöllgen, S. 121.
[263] Baring, S. 293.
[264] Vgl. Wilkens, S. 117.
[265] Kiersch, S.190.
[266] Vgl. ebd., S. 189.

Arbeitgeberverbandes, im Mai 1970 das ‚Wirtschaftsbüro der französischen Industrie in der Hauptstadt der DDR' eingerichtet. [267] Auf politischer Ebene besuchte eine Abordnung der Volkskammer im Juni 1971 Paris, während der Gegenbesuch der Assemblé Nationale Ende September bzw. Anfang Oktober in Ost-Berlin empfangen wurde. Fortan sollten die Parlamentariertreffen in einem Halbjahresrhythmus stattfinden. [268]

Diese Methode der Anerkennung der DDR war auch die fortwährende Logik der Entspannungspolitik der sozialliberalen Koalition, nachdem der Versuch einer ‚Neuen Ostpolitik' von 1966-69 allein auf der Basis des Gewaltverzichts gescheitert war. Der Grundlagenvertrag, der die deutsche Zweistaatlichkeit besiegelte und die Voraussetzungen für die Mitgliedschaft beider Staaten in den Vereinten Nationen schuf, ist demnach ein vorläufiger Abschluss der bisherigen Deutschlandpolitik.

Nach dem Abschluss des Grundlagenvertrages wurde unter der Regierung Brandt eine Wende in der Deutschlandpolitik eingeleitet. Von nun an wurden die wirtschaftlichen Interessen der DDR an guten Beziehungen zur Bundesrepublik genutzt, um im Gegenzug für Entgegenkommen Erleichterungen für die Bevölkerung einfordern zu können. Diese Politik ist von der Regierung Schmidt im Wesentlichen fortgesetzt worden. Auch die deutschlandpolitischen Aktivitäten der seit 1982 amtierenden Regierung Kohl waren vor allem durch Kontinuität gekennzeichnet, man setzte weiterhin auf Dialog. [269]

Selbstverständlich brachte der abgeschlossene Vertrag viele Kritiker auf die Tagesordnung, die mit diesem Novum in der deutschen Außenpolitik nicht einverstanden waren und nicht nur laut protestierten, sondern Widerstand formierten und auch rechtlich dagegen angingen. Das Bundesverfassungsgerichtsurteil, das die CSU-Klage gegen das Vertragswerk ablehnte und den Vertrag mit dem Grundgesetz vereinbar befand, konnte von der Regierung Brandt als Bestätigung ihrer bisherigen Ost- und Deutschlandpolitik angesehen werden, so dass sie mit dem Inkrafttreten des Grundlagenvertrages darauf hoffte, die „neue außenpolitische Selbstbestätigung der DDR würde die Freizügigkeit im Innenverhältnis der beiden deutschen Staaten" [270] anwachsen lassen und so durch Förderung menschlicher Erleichterungen die Entspannungspolitik vorantreiben.

---

[267] Vgl. ebd.
[268] Vgl. Wilkens, S. 115.
[269] Vgl. Schmidt, S. 77ff.
[270] Hacke: Weltmacht wider Willen, S. 179.

Auswirkungen der ‚Neuen Ostpolitik'

Das Resultat der oben beschriebenen Vertragspolitik der ersten sozial-liberalen Koalition war zunächst in direkter Folge der bereitete Weg für den Eintritt beider deutscher Staaten in die UNO im Herbst 1973. Das bereits durch Brandt und Scheel geöffnete Tor für eine Entspannungspolitik zwischen den Blöcken weitete sich noch im selben Jahr durch den Beginn der Konferenz für Sicherheit und Zusammenarbeit in Europa (KSZE) und den MBFR-Verhandlungen. Bei diesen nahezu parallel laufenden Konferenzen – KSZE-Verhandlungen ab Juli in Helsinki und die Gespräche über die gegenseitige und ausgewogene Truppenreduzierung (MBFR) ab Ende 1973 in Wien – standen sich französische und deutsche Positionen gegenüber. Frankreich misstraute den sowjetischen Absichten und mutmaßte über mögliche negative Konsequenzen für die westliche Verteidigung. Daher lehnte es die Rüstungsbegrenzung ab und auch die Teilnahme an den MBFR-Verhandlungen. [271] Deutschland sah in diesen Verhandlungen die Hoffnung, „durch Abrüstung eines Tages zu einer neuen Sicherheitsordnung in Europa zu kommen, die eine Wiedervereinigung möglich machen würde" [272], die wiederrum Frankreich beängstigte.

Brandt, wie auch seine Nachfolger, erkannte, dass eine separate Diplomatie stärker zu Isolation führt und spielte daher eine Vorreiterrolle auf den KSZE-Verhandlungen. Diese Multilateralisierung der Ostpolitik, vor allem in Zusammenarbeit mit Frankreich, sah auch Helmut Schmidt als wichtig an und führte diese Politik fort, insbesondere förderte er den sogenannten KSZE-Prozess. Die Vergemeinschaftung der deutschen und französischen Ostpolitik sorgte dafür, dass die Befürchtungen vor Geheimnissen wie z.B. Oreanda oder den Ängsten vor einer französisch-sowjetischen Annäherung deutlich abgemildert wurde. Immer, und das war stets Primat deutscher Außenpolitik gewesen, hatte die Bundesregierung betont, dass sie „ihre Ostpolitik in das Bündnisgeflecht des Westens ... eingebunden sehe. Darauf zu vertrauen wurde der französischen Regierung" [273] nun durch den multilateralen KSZE-Prozess erleichtert.

Auf der KSZE-Konferenz 1975 wurde zwischen den Regierungen des Westens und des Ostens verabredet, dass sie Grenzen respektieren, zusammenarbeiten und ihren Völkern Menschenrechte einräumen. [274] Stärker wurde stattdessen von französischer Seite der stabilisierende Charakter der KSZE gesehen, den man

---

[271] Vgl. Soutou, S. 176.
[272] Vgl. ebd.
[273] Weisenfeld: Ostpolitik und deutsche Frage, S. 253.
[274] Vgl. Schöllgen, S. 134ff.

nachhaltig als ein Mittel unterstütze, um die „Aufnahme des Dialogs zwischen den beiden deutschen Staaten [zu ermöglichen], ohne ihre Existenz in Frage zu stellen."[275] Eben deshalb war Bonns Reaktion stärker verhalten, da es annahm, dass die „Konferenz den Status Quo verewigt, indem sie die Grenzen des geteilten Deutschlands weiter festzurrt."[276] Frankreich als ‚Status-quo-Macht' stand einem Deutschland gegenüber, das diesen Status quo überwinden wollte.

Unerwartet wurde bald schon nach dem erfolgreichen KSZE-Helsinki-Gipfel 1975 eine Phase der Verschärfung des bipolaren internationalen Systems bemerkbar. Die Entspannungspolitik zerfiel nicht erst durch Moskaus Militärinterventionen in Angola, Äthiopien und Afghanistan 1979, sondern ebenfalls durch eine erodierende Entspannung zwischen den beiden Machtblöcken. Die Folge waren wachsende Spannungen und ein erneut massiver Rüstungswettlauf.

Jedoch nach dieser Phase „gab es keinen Rückfall in den Status quo ante".[277] Ernsthafte Bemühungen wurden angestellt, nicht wieder in neue Konfrontationen zu treiben. Hatte die Sowjetunion unter Breschnjew noch Bedenken, die DDR könne sich aus der Abhängigkeit der Sowjetunion loslösen[278], verwarf sie diese mit Amtsantritt von Michail Gorbatschow. Mit ihm setzte in der Sowjetunion ab 1985 mit der Auflösung alter Strukturen ein politischer Wandel (Glasnost) ein, indem auf den Entspannungsprozess wieder aufgebaut wurde. Mit Gorbatschow war der Erfolg der Ostpolitik der 70er Jahre vor allem dadurch sichtbar, dass die Sowjetunion erstmals die „Anwesenheit der Vereinigten Staaten in Europa für eine unbegrenzte Zeit akzeptiert hat und daß sie sich bereit erklärt hat, die Vereinigten Staaten als permanenten Partner für alle gesamteuropäischen Veranstaltungen zu akzeptieren."[279]

In Westdeutschland traten währenddessen schon ab 1974 die Auswirkungen sichtbar hervor: Brandt befreite durch seine Ostpolitik die Bundesrepublik von zahlreichen Zwängen und schaffte mehr Beweglichkeit, nun „erstmals in der Außen- und Sicherheitspolitik sowie in den außenwirtschaftlichen Beziehungen das Potential Westdeutschlands in vollem Umfange"[280] einzusetzen. Seine Nachfolger Helmut Schmidt und Helmut Kohl betonten beide die Kontinuität der Einhaltung der geschlossenen Ostverträge und der vorhergehenden ertragreichen

---

[275] Kimmel, Adolf/Jardin, Pierre (Hrsg.): Die deutsch-französischen Beziehungen seit 1963. Eine Dokumentation, Opladen 2002, S. 23.
[276] Ebd.
[277] Rudolf, S. 82.
[278] Vgl. Merseburger, S. 697.
[279] Kogon, S. 72.
[280] Kaiser, S. 7.

deutsch-französischen Beziehungen. Sowohl das Tandem Helmut Schmidt - Valery Giscard d'Estaing als auch die Partner Helmut Kohl und Francois Mitterand erkannten, trotz unterschiedlicher parteipolitischer Färbung, die Wichtigkeit der deutsch-französischen Freundschaft und waren ständig darauf bedacht, ebenso ein persönlich-freundschaftliches Verhältnis zu demonstrieren. Giscard d'Estaing „sah das gemeinsame Interesse von Franzosen und Deutschen an einem Ausbau der Entspannung" [281] und Helmut Kohl sorgte dann ab 1982 für eine „bemerkenswerte Kontinuität" [282] innerhalb der friedlichen Deutschland- und Ostpolitik seiner Vorgänger Brandt und Schmidt, baute diese auf dem Gebiet des Handels noch weiter aus und setzte auf die Partnerschaft mit dem französischen Nachbarn.

Mit der Ost- und Deutschlandpolitik Willy Brandts und Walter Scheels ist zugleich das Fundament für eine europäische Friedensordnung und für den Weg zur deutschen Einheit im Jahre 1989 geschaffen worden. Betrachtet man nun diese durchgesetzte Politik, die das weltweite Ansehen Deutschlands erheblich vergrößerte, lässt sich feststellen, dass sie „den grundsätzlichen Interessen der Bundesrepublik diente" [283] und schließlich „der deutschen Diplomatie eine überzeugende Logik und Symmetrie" [284] verlieh.

Fazit

Die ‚Neue Ostpolitik' hat die Versöhnungspolitik Konrad Adenauers mit den ehemaligen Kriegsgegnern im Westen durch die Aussöhnung mit den Staaten und Völkern Osteuropas ergänzt und dadurch Voraussetzungen für eine europäische Friedensordnung geschaffen, die den ‚Eisernen Vorhang' durchlässiger machte.

Brandt verfolgte diese Politik konsequent und ließ sich davon trotz mitunter massiver Anfeindungen sowohl in der eigenen Partei als auch vom politischen Gegner nicht abbringen. Genau hier hat er bei zunächst unpopulären Entscheidungen, und einer Politik die polarisierte, Mut bewiesen und gerade dabei dem kurzatmigen Drängen vorurteilsbeladener öffentlicher Meinungen widerstanden. Dieser neue außenpolitische Ansatz war nach dem zweiten Weltkrieg etwas vollkommen Neues in der deutschen Politik. Diese Ostpolitik trug ihm bei Frankreich Anerkennung ein. Gleichzeitig bestanden bei den westlichen

---

[281] Loth: Das deutsch-französische Bündnis, S. 362.
[282] Nakath, Detlef : Wandel durch Annäherung. Der Grundlagenvertrag und seine Bedeutung für die deutsch-deutschen Beziehungen, in : Deutschland Archiv. Zeitschrift für das vereinigte Deutschland, 35. Jg. (2002), S. 943-954.
[283] Hanrieder, S. 200.
[284] Ebd.

Alliierten, allen voran Frankreich, das Misstrauen in die Ziele der deutschen Politik und die Angst vor deutscher Dominanz.

Die französische Regierung Pompidou ließ es nahezu zu keiner Zeit an offizieller Unterstützung für die ‚Neue Ostpolitik' fehlen – man konnte schon allein durch die Verpflichtung des de Gaulle-Erbes nicht gegen die Ostpolitik sein. Obgleich man es bedauerte, bei den Ost-West-Gesprächen nicht die führende Rolle zu spielen, und gleichwohl Reserviertheiten bestanden, wie z.B. dem ständigen Sicherheitsinteresse Frankreichs, und der hervorgerufenen Kritik Frankreichs aufgrund grundsätzlich gleichlaufender Interessen, die die Führungsrolle in Europa und die Stellung als bevorzugter Ansprechpartner der Sowjetunion betrafen, hat Pompidou die Brandt'sche Politik unmissverständlich unterstützt.

Bei aller notwendigen Differenzierung wird man einem Fazit zustimmen können, das Eberhard Schulz durch die Betrachtung der Verschiedenheit des Gegenstandes der Ostpolitik aus deutscher und französischer Sicht gewonnen hat:

„Die Grundinteressen der deutschen und französischen Außenpolitik sind nicht völlig identisch: Zwar möchten beide eine Vorherrschaft der Sowjetunion in Europa verhindern, doch wollen die Deutschen eben zu diesem Zweck die USA in Europa aktiv engagieren, während Frankreich auch von den USA eine Beeinträchtigung seiner Souveränität befürchtet. Die Deutschen wollen Einheit und Freiheit für ganz Deutschland, Frankreich die Entschärfung der deutschen Frage entweder durch die Teilung oder durch die Einbindung Deutschlands. In diesem Sinne sucht Frankreich Ostmitteleuropas politische Rolle zu aktivieren, während die Deutschen primär eine Aussöhnung mit Polen und der Tschechoslowakei und darüber hinaus gutnachbarliche politische und wirtschaftliche Beziehungen zu ganz Osteuropa anstreben." [285]

Diese unterschiedlichen Positionen ließen eine vernünftige deutsch-französische Zusammenarbeit und Konsultation aber durchaus nicht vermissen. Die französische Regierung wurde kontinuierlich und ausführlich über die jeweiligen Schritte der ‚Neuen Ostpolitik' informiert [286] und die Abstimmungen verhinderten eine ‚Geheimniskrämerei'. So konnte die Meinungsbildung in Frankreich nicht nur bloß positiv ausfallen, sondern auch eine gegenseitige Unterstützung und ein Aktivwerden hin zu erfolgreicher Weiterführung der Ostpolitik beobachtet werden. [287]

---

[285] Schulz, S. 266.
[286] Vgl. Wilkens, S. 70-77.
[287] Zu denken wäre da an die Warnung Pompidous vor einer Nichtratifizierung der Ostverträge in einem Gespräch mit Oppositionsführer Barzel im März 1972.

Das Argument, unter der Verständigung mit dem Osten hätten durch Vernachlässigung des Westens die Beziehungen zu den Westmächten stark gelitten, darf nicht zwangsläufig als allgemeingültig angesehen werden. Allerdings lässt sich nicht verleugnen, dass sich die Probleme in der Westpolitik vermehrten, dabei war die Ostpolitik immer in den westeuropäischen Bündnissen eingebunden, denn die Ostpolitik setzte die feste Verankerung der Bundesrepublik im Westen bzw. in den westlichen Bündnissystemen voraus. Ansonsten hätte sie nicht erfolgreich durchgeführt und gestaltet werden können und die Außenpolitik Brandts hätte unabsichtlich die Gefahr in sich geborgen, dass sich die Bindungen der Bundesrepublik zum Westen zwangsläufig gelockert hätten und damit das Risiko einer ‚Finnlandisierung' der Bundesrepublik entstanden wäre. Daher ist der These von Schulz von Seiten des Autors nur beizupflichten, für den sich einmal Frankreich „als zuverlässigster und konsequentester Bundesgenosse der Bundesrepublik gegen sowjetische Expansionsgelüste auf deutsche Kosten erwies …"[288] Andererseits habe sich die Bundesrepublik auch als ein „absolut loyaler Verfechter französischer Sicherheitsinteressen [herausgestellt], und keine Bundesregierung … [habe jemals] eine Lockerung der Allianzbindung – geschweige denn ein Ausscheiden – auch nur erwogen."[289]

Die Einbeziehung der Westmächte in die Bonner Ostpolitik, die Zusammenarbeit mit dem zuverlässigsten und stetigsten Partner Frankreich und der „unvermeidliche Balanceakt zwischen … Vertrauenswerbung im Osten und Vertrauenswahrung im Westen"[290] waren eine unerlässliche Voraussetzung einer erfolgreichen Verständigungspolitik. So gingen die Regierungen unter Brandt, Schmidt und Kohl stets davon aus, die ost- und deutschlandpolitischen Fragen mit Frankreich und den Westmächten abzustimmen, „wenngleich Abstimmung Konsultation und nicht Antrag auf Genehmigung"[291] bedeutete.

Es kann folgende Bilanz gezogen werden: Innerhalb dieser voller Risiken behafteten Politik mit außerordentlichen Schwierigkeiten während des ‚Kalten Krieges', hat die Bundesrepublik Deutschland vor allem mit den Verträgen von Moskau und Warschau sowie dem Grundlagenvertrag und dem Viermächteabkommen „entscheidende Schritte auf dem Weg vom Gegenüber über die Regelung des Nebeneinander zu einem Miteinander"[292] unternommen, um menschliche Erleichterungen zu erreichen, die eigenen Fesseln der Vergangenheit

---

[288] Schulz, S. 269.
[289] Ebd.
[290] Ash, Timothy Garton: Im Namen Europas. Deutschland und der geteilte Kontinent, Frankfurt a. M. 1998, S.535.
[291] Nakath, S. 953.
[292] Kogon, S. 13.

abzustreifen und den Anstoß zur Öffnung nach Osten zu geben. Als symbolischer Akt für diese Versöhnung steht Brandts Kniefall von Warschau. Er symbolisierte eindringlich den politisch-moralischen Willen seiner Regierung zu Vergangenheitsbewältigung und Neuanfang. Diese bilaterale, später auch im KSZE-Prozess integrierte multilaterale Politik wurde von Frankreich gutgeheißen, begrüßt und unterstützt, da sie geeignet gewesen sei, „die Entspannung voranzutreiben." [293] Eine offizielle Solidarität begleitete die deutsche Außenpolitik und zu keinem Zeitpunkt stand die französische Unterstützung ernsthaft in Frage.

---

[293] Außenminister Schumann zit. in: Wilkens, S. 81.

Literaturverzeichnis

Ash, Timothy Garton: Im Namen Europas. Deutschland und der geteilte Kontinent, Frankfurt a. M. 1998.

Baring, Arnulf: Machtwechsel. Die Ära Brandt-Scheel, Berlin 1998.

Bender, Peter: Neue Ostpolitik. Vom Mauerbau bis zum Moskauer Vertrag, München 1986.

Bingen, Dieter: Die Polenpolitik der Bonner Republik von Adenauer bis Kohl 1949-1991, Baden-Baden 1998.

Grosser, Alfred: Frankreich und seine Außenpolitik. 1944 bis heute, München 1989.

Hacke, Christian: Die Außenpolitik der BRD. Weltmacht wider Willen ?, Berlin 1997.

Hacke, Christian: Die Außenpolitik der Bundesrepublik Deutschland. Von Konrad Adenauer bis Gerhard Schröder, Frankfurt a.M. / Berlin 2003.

Hanrieder, Wolfram F.: Deutschland, Europa, Amerika. Die Außenpolitik der Bundesrepublik Deutschland 1949-1994, 2. Aufl., Paderborn 1995.

Kaiser, Karl: Die neue Ostpolitik, in : Aus Politik und Zeitgeschichte, 29. Jg. (1979), Bd. 43, S. 3-10

Kiersch, Gerhard: Frankreichs Reaktion auf die westdeutsche Ostpolitik, in: Jahn, Egbert / Rittberger, Volker (Hrsg.): Die Ostpolitik der BRD. Triebkräfte, Widerstände, Konsequenzen, Opladen 1974, S. 181-206.

Kimmel, Adolf / Jardin, Pierre (Hrsg.): Die deutsch-französischen Beziehungen seit 1963. Eine Dokumentation, Opladen 2002.

Kogon, Eugen (Hrsg.): Bilanz der neuen Ostpolitik. Vier Jahre nach Kassel und Erfurt, Frankfurt a.M. 1974.

Loth, Wilfried: Geschichte Frankreichs im 20. Jahrhundert, Frankfurt a. M. 1992.

Loth, Wilfried: Das deutsch-französische Bündnis: Grundlagen, Wandlungen, Perspektiven, in: Müller, Guido (Hrsg.): Deutschland und der Westen. Festschrift für Klaus Schwabe zum 65. Geburtstag, Stuttgart 1998, S. 357-365.

Merseburger, Peter: Willy Brandt. 1913-1992. Visionär und Realist, Stuttgart / München 2002.

Nakath, Detlef: Wandel durch Annäherung. Der Grundlagenvertrag und seine Bedeutung für die deutsch-deutschen Beziehungen, in: Deutschland Archiv. Zeitschrift für das vereinigte Deutschland, 35. Jg. (2002), S. 943-954.

Nohlen, Dieter (Hrsg.): Kleines Lexikon der Politik, München 2001.

Rehfeldt, Udo: Französische Ostpolitik und sozioökonomische Interessen, in: Leviathan, 74. Jg. (1974), H. 2, S. 409-433.

Schmidt, Manfred G.: Regieren in der Bundesrepublik Deutschland, Opladen 1992.

Schöllgen, Gregor: Die Außenpolitik der Bundesrepublik Deutschland. Von den Anfängen bis zur Gegenwart, 2. Aufl. , München 2001.

Schulz, Eberhard: Deutsche und französische Ostpolitik: Zehn Thesen, in: Manfrass, Klaus (Hrsg.): Paris-Bonn. Eine dauerhafte Bindung schwieriger Partner, Sigmaringen 1984, S. 266-269.

Sontheimer, Kurt / Bleek, Wilhelm: Grundzüge des politischen Systems der Bundesrepublik Deutschland, 11. Aufl. , München 1999.

Soutou, Georges-Henri: Präsident Georges Pompidou und die Ostpolitik, in: Niedhart, Gottfried (Hrsg.) / Junker, Detlef (Hrsg.) / Richter, Michael W. (Hrsg.): Deutschland in Europa. Nationale Interessen und internationale Ordnung im 20. Jahrhundert, Mannheim 1997.

Weisenfeld, Ernst: Ostpolitik und deutsche Frage: Französische Initiativen und deutsche Ostpolitik, in; Manfrass, Klaus (Hrsg.): Paris-Bonn. Eine dauerhafte Bindung schwieriger Partner, Sigmaringen 1984, S. 247-259.

Weisenfeld, Ernst: Welches Deutschland soll es sein ? Frankreich und die deutsche Einheit seit 1945, München 1986.

Wilkens, Andreas: Der unstete Nachbar. Frankreich, die deutsche Ostpolitik und die Berliner Vier-Mächte-Verhandlungen 1969-1974, München 1990.

Die deutsch-französischen Beziehungen von der Wiedervereinigung zum Maastrichter Vertrag. Die Rolle Helmut Kohls und François Mitterrands

Von Johannes Müller, 2011

Einleitung

Die Beziehungen zwischen Frankreich und Deutschland haben im Europa der Nachkriegszeit eine große Rolle gespielt. Die ersten vorsichtigen Schritte der Annäherung zwischen beiden Ländern nach dem Zweiten Weltkrieg legten die Grundlage für die Entwicklung einer freundschaftlichen Beziehung, die im Laufe der Jahre zu einer festen Größe werden sollte. Die deutsch-französische Freundschaft hat ihren Teil zu einem friedlichen Zusammenleben der Menschen in Europa beigetragen, indem sie alte Feindseligkeiten überwand und die Beziehungen zwischen Deutschland und Frankreich auf eine neue Basis stellte. Mit dem deutsch-französischen Freundschaftsvertrag (Élysée-Vertrag) aus dem Jahr 1963 wurde ein Abkommen getroffen, das die deutsch-französische Zusammenarbeit verstärken sollte und beide Regierungen zu regelmäßigen Konsultationen in wichtigen Politikbereichen verpflichtete. Diese Zusammenarbeit hat der Europäischen Gemeinschaft (EG) und letztendlich auch der Europäischen Union (EU) wesentliche Impulse gegeben und tut dies bis heute. Die durch einen Vorschlag von Deutschland und Frankreich angestoßene Diskussion zur Euro-Reform war ein gutes Beispiel dafür. Dabei traf der deutsch-französische Vorschlag, die EU-Verträge zu ändern, um in zukünftigen Währungskrisen auch private Gläubiger zur Verantwortung zu ziehen, auf Vorbehalte auf Seiten der anderen Mitgliedstaaten, da man die langwierigen und harten Verhandlungen zum Vertrag von Lissabon noch im Gedächtnis hatte. Auch der Plan, ständigen Schulden-Sündern als „Strafe" zeitweise das Stimmrecht in der EU zu entziehen, ließ vor allem die kleineren Mitgliedsstaaten auf die Barrikaden gehen.[294] Letztlich stimmten die anderen Staats- und Regierungschefs doch einem strenger ausgelegten Stabilitätspakt und automatischen Sanktionen für zu hoch verschuldete Staaten zu.[295]

In den Verhandlungen zum Maastrichter Vertrag, mit dessen Inkrafttreten im Jahre 1993 die Europäische Union gegründet wurde, trafen ebenfalls sehr unterschiedliche Vorstellungen aufeinander. Auch hier hatten Deutschland und Frankreich entscheidende Impulse gegeben und die Debatte angestoßen. Drei Jahre zuvor, im Oktober 1990, vollzog sich die Wiedervereinigung Deutschlands. Ebenfalls ein bedeutsames Ereignis für Europa. Die Verhandlungen zum Maastrichter Vertrag überschnitten sich zeitweise mit dem

---

[294] Vgl. Busse, Nikolas: Vorläufige Beruhigung ohne Sinnkrise, in: Frankfurter Allgemeine Zeitung (2010), Nr. 251, S. 2.
[295] Vgl. Mahler, Armin u.a.: Die unendliche Krise, in: Der Spiegel Nr. 47 (2010), S. 31.

Prozess der deutschen Wiedervereinigung und beide Ereignisse hingen eng zusammen.

Anfang der 90er Jahre vollzogen sich also bedeutende Veränderungen und Weichenstellungen, die das zukünftige Europa und die Europäische Union prägten. Diesen Zeitraum habe ich ausgewählt, um die deutsch-französischen Beziehungen zu untersuchen. Die Wiedervereinigung Deutschlands, der Maastrichter Vertrag und die Regelungen zur Wirtschafts- und Währungsunion (WWU) im Maastrichter Vertrag werden bei dieser Untersuchung im Zentrum stehen. Es soll betrachtet werden, wie sich die Beziehungen zwischen Deutschland und Frankreich während dieser Ereignisse entwickelt haben. Dabei konzentriere ich mich vor allem auf die Aktionen der Staats- und Regierungschefs beider Länder, namentlich auf Frankreichs früheren Präsidenten François Mitterrand und den damaligen Bundeskanzler Deutschlands Helmut Kohl. Welche Ziele verfolgten die beiden, wie handelten sie und wie wirkte sich das auf die deutsch-französischen Beziehungen und auch auf die Beziehungen zwischen Mitterrand und Kohl aus? Dies sind die Leitfragen, die sich durch die gesamte Untersuchung ziehen werden. Auf andere Akteure und Ereignisse wird nur insofern eingegangen, als ich dies für das Gesamtverständnis für notwendig erachte. Diese Herangehensweise ist nötig, um den vorgegebenen Rahmen dieser Arbeit nicht zu sprengen.

Die Wiedervereinigung Deutschlands und der Maastrichter Vertrag sind eng miteinander verknüpft. Die beiden Ereignisse liegen nicht nur zeitlich nah beieinander. Die Geschehnisse bei der Wiedervereinigung wirkten sich unmittelbar auf die Verhandlungen bzw. das Zustandekommen des Maastrichter Vertrags aus. Durch die deutsche Einigung wurden neue Rahmenbedingungen geschaffen, die das Handeln der Staats- und Regierungschefs auch in der Vorbereitungsphase des Maastrichter Vertrages beeinflusst haben. So will ich denn in dieser Arbeit die These vertreten, dass die deutsche Wiedervereinigung die europäische Integration beschleunigt hat – in Form einer schnelleren Verwirklichung des Maastrichter Vertrags, vor allem was die Wirtschafts- und Währungsunion anbetrifft. Es wird sich zeigen, dass deutsche Initiativen zur weiteren Integration Europas, geeignet waren, Ängste abzubauen, die im Angesicht eines wiedervereinigten Deutschlands in den anderen Ländern aufkamen. Deutschland konnte so seine feste Verankerung in Europa demonstrieren, um eine Unterstützung bzw. Duldung der deutschen Einheit seitens der anderen Länder zu erreichen.

Im Folgenden werde ich zunächst in einem einleitenden Kapitel einen kurzen Überblick über die Beziehungen zwischen Deutschland und Frankreich in den Jahren von 1945 – 1989 geben. Danach untersuche ich ausführlich die deutsch-französischen Beziehungen in der Phase der deutschen Wiedervereinigung. Im Anschluss daran werde ich mich mit dem gleichen Untersuchungsziel mit den beiden Regierungskonferenzen befassen, an deren Ende der Maastrichter Vertrag stand. Abschließend ziehe ich Bilanz über die Entwicklung der Beziehungen zwischen Deutschland und Frankreich und beurteile, ob sich meine These der Beschleunigung des europäischen Integrationsprozesses durch die Wiedervereinigung bestätigt hat.

Die deutsch-französischen Beziehungen von 1945 – 1989

Die Partnerschaft zwischen Deutschland und Frankreich spielte bei der Entwicklung der Europäischen Gemeinschaft und für die Erhaltung eines internationalen Gleichgewichts in der Nachkriegszeit eine wichtige Rolle. Die Zusammenarbeit beider Länder war eine treibende Kraft bei der Stabilisierung Westeuropas und beim Ausbau des Gemeinsamen Binnenmarktes. Zugleich wurden durch die Einbettung der Beziehungen in das internationale System des Kalten Krieges deutsch-französische Differenzen relativiert.[296] In diesem System richtete man sich ein und ging davon aus, dass es auf absehbare Zeit stabil bleiben würde. Dementsprechend wurden alle politischen, wirtschaftlichen und militärischen Planungen daran ausgerichtet. Die Außen- und Sicherheitspolitik und auch die Entwicklung der Europäischen Gemeinschaft bewegten sich im Rahmen der Nachkriegsordnung. Die Wiedervereinigung Deutschlands wurde zwar von Frankreichs Präsidenten gelegentlich thematisiert und auch die Deutschen äußerten sich zur Vereinbarkeit von europäischer Integration und einem vereinigten Deutschland.[297] Frankreich befand sich allerdings bei der deutschen Frage stets in einem Dilemma: einerseits war man ideell für die deutsche Einheit, hatte aber andererseits realpolitisch kein Interesse an ihr.[298] Letztlich glaubte jedoch niemand, sich auch nur mittelfristig ernsthaft damit

---

[296] Vgl. Guérin-Sendelbach, Valerie u.a.: Fragen zu Europa, in: Centre d'Information et de Recherche sur l'Allemagne Contemporaine (CIRAC) u.a. (Hrsg.): Handeln für Europa. Deutsch-französische Zusammenarbeit in einer veränderten Welt, Paris u.a. 1995, S. 8.
[297] Vgl. Picht, Robert: Deutsch-französische Beziehungen nach dem Fall der Mauer, in: Picht, Robert/Wessels, Wolfgang (Hrsg.): Motor für Europa?. Deutsch-französischer Bilateralismus und europäische Integration. Le couple franco-allemand et l'intégration européenne, Europäische Schriften des Instituts für Europäische Politik Band 68, Bonn 1990, S. 50f.
[298] Vgl. Woyke, Wichard: Deutsch-französische Beziehungen seit der Wiedervereinigung. Das Tandem fasst wieder Tritt, Wiesbaden, 2.Aufl. 2004, S. 20.

auseinandersetzen zu müssen. Die Vormacht der Sowjetunion und der kommunistische Ostblock insgesamt schienen unerschütterlich.[299]

Konrad Adenauer bemühte sich von Beginn an eine Aussöhnung mit Frankreich zu erreichen. Europäische Einigung und deutsch-französische Aussöhnung bezeichnete er als zwei Seiten ein und derselben Medaille.[300] Adenauer entwickelte zusammen mit französischen Politikern, in der Nachkriegszeit das Konzept einer sogenannten funktionalen Integration. Darunter ist eine schrittweise gegenseitige Einbindung zu verstehen, die zur Europäischen Gemeinschaft und letzten Endes zur Europäischen Union führte. Mithilfe dieses Konzepts konnten die Probleme, die sich aufgrund divergierender Interessen ergaben aufgehoben und ein Interessenausgleich herbeigeführt werden. Durch die gleichberechtigte Integration unterschiedlicher Mitgliedstaaten wurden der Gemeinsame Markt geschaffen und Auswirkungen von bestimmten Entwicklungen abgeschwächt, die für Frankreich ohnehin schon schwer zu verkraften waren – z.B. die Wiedereingliederung des Saarlands in die BRD, die allmähliche Wiederherstellung der Souveränität Westdeutschlands oder die Dynamik der wirtschaftlichen Entwicklungen in der Bundesrepublik.[301]

Für Frankreich war die deutsche Teilung Voraussetzung für eine enge deutsch-französische Zusammenarbeit und eine wichtige Grundlage seiner Außenpolitik. Die BRD war in ihrer rechtlichen und politischen Souveränität eingeschränkt und Frankreich wollte diesen Status quo gerne erhalten. In seinem Anspruch eine Großmacht zu sein, stützte sich Frankreich nämlich u.a. darauf, dass es zu den Siegermächten nach dem Zweiten Weltkrieg gehörte und als Schutzmacht Deutschlands und Berlins fungierte. In Bezug auf Deutschland verfolgte Frankreich das Ziel einer „Kontrolle durch Integration" über eine Verankerung Deutschlands in den europäischen Integrationsverbünden. Die BRD war auf Frankreichs Unterstützung angewiesen, um bei den anderen Nationen wieder Respekt und Vertrauen zu gewinnen und eine Anerkennung seines Rechts auf Wiedervereinigung zu erreichen. Da Deutschland im Integrationsverband mit den anderen europäischen Staaten seine Souveränität hergestellt, durch den Integrationsprozess seine politische Gleichheit mit den anderen Staaten (vor allem Frankreich) erreicht sah und eine Sicherheitsgarantie bekam, engagierte

---

[299] Vgl. Picht 1990, S. 50f.
[300] Vgl. Grünhage, Jan: Entscheidungsprozesse in der Europapolitik Deutschlands. Von Konrad Adenauer bis Gerhard Schröder, Baden-Baden 2007, S. 33.
[301] Vgl. Guérin-Sendelbach 1995, S. 10f.

man sich, seit Adenauer, stark für die europäische Integration und akzeptierte auch die Teilung.[302]

Die deutsch-französische Zusammenarbeit wurde also durch die deutsche Teilung und den Ost-West-Konflikt erleichtert bzw. erst möglich. Ein geteiltes Deutschland als Nachbarn zu haben beruhigte Frankreich, während der Ost-West-Konflikt eine Bedrohung schuf, die eine deutsch-französische Kooperation zu einer „gemeinsamen Überlebensfrage" machte.[303]

Natürlich war es aber nicht der Fall, dass Frankreich und Deutschland stets in ihren politischen Zielen und Methoden übereinstimmten. Wie es schon im Élysée-Vertrag formuliert wurde, versuchten Deutschland und Frankreich viel mehr „so weit wie möglich zu einer gleichgerichteten Haltung" zu gelangen. Dabei war eine gemeinsame Vorgehensweise, aufgrund von Meinungsverschiedenheiten in wichtigen internationalen oder europäischen Fragen, nicht immer zuwege zu bringen.[304]

In diesem Zusammenhang sollte auch noch einmal auf den vielbeschworenen deutsch-französischen „Motor für Europa" eingegangen werden. Während die Verfechter dieser Motor-These der Meinung sind, dass die deutsch-französischen Gemeinsamkeiten der Motor für jeden wichtigen Fortschritt in der Gemeinschaft waren, vertreten andere die genau entgegengesetzte Meinung, dieser Motor sei nur ein Mythos. Ein gemeinsames großes Konzept für Europapolitik ist, laut den Kritikern der Motor-These, empirisch nicht nachweisbar (mit Ausnahmen). Eine gemeinsame Linie in der praktischen Politik lasse sich nicht erkennen. Der Mythos vom deutsch-französischen Motor überdecke oder verzerre die real existierenden Unterschiede.

Die Motor-These ist umstritten, aber folgendes kann man trotzdem feststellen. Unzweifelhaft gab es auf beiden Seiten den politischen Willen Westeuropa zu stärken. Dieser Wille suchte sich meist seinen Weg durch die bestehenden Gegensätze. Schon der Élysée-Vertrag stellt diese Gegensätze in Rechnung und bleibt mit seiner Formulierung, dass Deutschland und Frankreich „so weit wie möglich" zu einer gleichgerichteten Haltung finden sollen, realistisch. Die deutsch-französische Zusammenarbeit ist vielleicht nicht der Motor für die europäische Integration, aber sicher ist, dass dann kein europäischer Fortschritt möglich ist, wenn Frankreich und Deutschland sich grundsätzlich uneinig sind

---

[302] Vgl. Woyke 2004, S. 19f.
[303] Vgl. Guérin-Sendelbach 1995, S. 11.
[304] Vgl. ebd. S. 12

und kein Interessenausgleich herbeigeführt werden kann. Beide Länder bilden also eine Art Sperrminorität. In diesem Sinne ist eine deutsch-französische Abstimmung, wenn schon kein Motor, so doch auf jeden Fall eine Voraussetzung für Fortschritte in Europa.[305] Zusammenfassend lässt sich sagen, dass die Einbettung der Beziehungen zwischen Frankreich und Deutschland in den europäischen Integrationsprozess, der seinerseits im Rahmen des Ost-West-Konflikts stattfand, gleichzeitig das Fortbestehen der französisch-deutschen Differenzen vereinfachte.[306] Letztlich machte die Teilung Deutschlands und seine Integration in den westlichen Bündnissen die Aussöhnung zwischen Deutschland und Frankreich erst möglich.[307] Entsprechend unruhig wurde man in Frankreichs politischen Kreisen als 1989 die Mauer fiel und die deutsche Wiedervereinigung von einer fernen Zukunftsvision plötzlich zu einer realen Möglichkeit wurde.

Wiedervereinigung

In diesem Kapitel werde ich darlegen, was sich in der Zeit vom Fall der Mauer bis zur deutschen Wiedervereinigung ereignete und wie es um die deutsch-französischen Beziehungen in dieser Phase des Umbruchs bestellt war. Dabei stütze ich mich vor allem auf das Buch von Gisela Müller-Brandeck-Bocquet: „Frankreichs Europapolitik", den Beitrag „Deutsche Europapolitik unter Helmut Kohl" von Ulrike Kessler in „Deutsche Europapolitik. Von Adenauer bis Merkel" von Gisela Müller-Brandeck-Bocquet u.a. und das Buch von Wichard Woyke: „Deutsch-französische Beziehungen seit der Wiedervereinigung. Das Tandem fasst wieder Tritt". Zusätzlich werde ich in meine Ausführungen die Sichtweisen der beiden zentralen Akteure, Helmut Kohl und François Mitterrand einfließen lassen, wie diese sie in ihren Büchern „Über Deutschland" (Mitterrand) und „Erinnerungen 1982-1990" und „Erinnerungen 1990-1994" (Kohl) dargelegt haben.

---

[305] Vgl. Picht, Robert/Uterwedde, Hendrik/Wessels, Wolfgang: Deutsch-französischer Bilateralismus als Motor der europäischen Integration: Mythos oder Realität? in: Picht, Robert/Wessels, Wolfgang (Hrsg.): Motor für Europa?. Deutsch-französischer Bilateralismus und europäische Integration. Le couple franco-allemand et l'intégration européenne, Europäische Schriften des Instituts für Europäische Politik Band 68, Bonn 1990, S. 21ff.
[306] Vgl. Woyke 2004, S. 19.
[307] Vgl. Müller-Brandeck-Bocquet, Gisela: Frankreichs Europapolitik. Frankreich-Studien Band 9, Wiesbaden 2004, S. 87f.

Vor dem Mauerfall

Schon im Juli 1989, als das kommunistische Regime in der DDR sich destabilisierte, sprach Frankreichs Präsident Mitterrand über das Thema deutsche Einheit, wenn er sich zu den Entwicklungen in Osteuropa äußerte. Für ihn war das Verlangen der Deutschen nach Vereinigung legitim, der Prozess sollte aber friedlich und demokratisch ablaufen. Außerdem wollte Mitterrand fünf bedeutsame Probleme vorher geklärt wissen. Die vier Schutzmächte USA, Großbritannien, die Sowjetunion und Frankreich mussten zustimmen einem wiedervereinigten Deutschland seine Souveränität wiederzugeben. Außerdem sollte Deutschland die Oder-Neiße-Linie anerkennen, auf ABC-Waffen verzichten, weiterhin dem Atlantischen Bündnis angehören und sich auch zukünftig in der Europäischen Gemeinschaft engagieren. Am wichtigsten war für Mitterand die Anerkennung der Grenzen.[308] Mitterrand schreibt in seinem Buch „Über Deutschland", dass er überzeugt davon war, dass „die wiedergefundene Freiheit unseres Kontinents notwendigerweise über die deutsche Einheit verlaufen [würde]!".[309] Noch am 3. November 1989, am Ende des deutsch-französischen Gipfels, sagte er vor Journalisten: „Ich habe keine Angst vor der Wiedervereinigung. Die Geschichte ist da, ich nehme sie, wie sie ist".[310] Allerdings dürfte Mitterrand zum Zeitpunkt dieser Aussage die Wiedervereinigung erst mittelfristig erwartet, und kaum mit dem Mauerfall am 9. November gerechnet haben.

Helmut Kohl erinnert sich, dass er und Mitterrand auf dem bereits erwähnten Gipfeltreffen im November über die Lage in Osteuropa und der DDR sprachen. Dabei schlug der französische Präsident vor, der Entwicklung durch eine beschleunigte westeuropäische Integration zu beggenen. Auf diesem Gipfel sprach sich Mitterrand scheinbar für die deutsche Wiedervereinigung aus, doch Kohl ist rückblickend der Meinung, dass man Mitterrands damalige Äußerungen bezüglich der deutschen Einigung möglicherweise nicht ganz richtig interpretiert hatte. In Mitterrands Ankündigung, dass Frankreich seine Politik danach ausrichten werde, „wie es am besten den Interessen Europas und den seinigen entspricht"[311], glaubt Kohl eine gewisse Distanzierung zu erkennen, die damals unbeachtet blieb.[312]

---

[308] Vgl. Mitterrand,François: Über Deutschland, Frankfurt am Main, Leipzig 1996, S. 28f.
[309] Ebd. S. 45.
[310] Ebd. S. 46.
[311] Kohl, Helmut: Erinnerungen. 1982 - 1990, München 2005, S. 956.
[312] Vgl. ebd. S. 954ff.

Der Mauerfall

Am 9. November 1989 wurde die Berliner Mauer geöffnet.
Helmut Kohl ist gerade auf Staatsbesuch in Polen als er per Telefon von der Maueröffnung erfährt. Daraufhin bricht er sofort seinen Besuch in Warschau ab, kehrt nach Deutschland zurück und lässt seinen polnischen Amtskollegen leicht verärgert zurück.[313]

Die deutsche Wiedervereinigung schien durch den Mauerfall plötzlich in greifbare Nähe zu rücken. Während dies in Deutschland für Euphorie sorgte, wurden in Frankreich und den anderen Mitgliedstaaten der EG bei vielen Menschen Ängste vor der Zukunft geweckt. Natürlich rief der Gedanke an die deutsche Einigung auch Erinnerungen an vergangene Zeiten wach und ließ die Angst vor einem „Vierten Reich" aufkommen.[314] Die Wiedervereinigung einschließlich voller Souveränitätswiederherstellung würde einen großen Machtgewinn für Deutschland bedeuten. Auch würde das Land sowohl territorial als auch demographisch wachsen und zum bevölkerungsreichsten Land Europas werden. Das darin liegende wirtschaftliche Potential konnte nur geschätzt werden und viele fürchteten sich vor einer wirtschaftlichen Übermacht Deutschlands.[315] Frankreich sah seine seit Ende des Zweiten Weltkriegs verfolgte Politik der Kontrolle Deutschlands durch dessen Integration in Europa durch eine Wiedervereinigung in Gefahr, sollte sich das vereinigte Deutschland nicht mehr in Europa engagieren. Denn Deutschland hatte nun im Gegensatz zu Frankreich mehrere politische Handlungsoptionen. Es konnte eine auf den deutsch-französischen Beziehungen aufbauende Europapolitik verfolgen. Genauso hätte Deutschland aber auch auf eine noch engere Partnerschaft mit den USA setzen oder sich mehr in Richtung Osteuropa orientieren können. Die einzige Option die Frankreich hatte, war die Europapolitik.[316] Die europäische Nachkriegsordnung, einer der Stützpfeiler für Frankreichs Weltmachtanspruch, fing an sich aufzulösen.[317] Die Franzosen standen außerdem vor dem Dilemma sich grundsätzlich zum Selbstbestimmungsrecht des deutschen Volkes zu

---

[313] Vgl. ebd. S. 964ff.
[314] Vgl. Krell, Christian: Sozialdemokratie und Europa. Die Europapolitik von SPD, Labour Party und Parti Socialiste, Wiesbaden 2007, S. 325.
[315] Vgl. Kessler, Ulrike: Deutsche Europapolitik unter Helmut Kohl, in: Müller-Brandeck-Bocquet, Gisela (u.a.): Deutsche Europapolitik. Von Adenauer bis Merkel, Wiesbaden, 2. Aufl. 2010, S. 139.
[316] Vgl. Woyke 2004, S. 24f.
[317] Vgl. Krell 2007, S. 325.

bekennen, das Ende der deutschen Teilung aber faktisch nicht im Interesse Frankreichs lag.[318]

Aufgrund der beschriebenen Befürchtungen und Ängste stieß die nun scheinbar in greifbare Nähe rückende deutsche Wiedervereinigung zunächst auf viele Vorbehalte in der französischen Regierung, was sich negativ auf das deutsch-französische Verhältnis auswirkte. In Deutschland verstanden viele nicht, wie Frankreich sich so zögerlich verhalten konnte und einige glaubten gar einen Rückfall Frankreichs in seine Deutschlandpolitik der vierziger Jahre zu erkennen. In der unmittelbaren Nachkriegszeit hatte Frankreich versucht die anderen Siegermächte dazu zu bewegen, Deutschland in viele Teile aufzuteilen, um eine zukünftige deutsche Einheit möglichst schwierig zu machen.[319]

Der Prozess der Wiedervereinigung nach dem Mauerfall

Mitterrand und die Wiedervereinigung

Auch Präsident Mitterrand war ob der Umwälzungen in Osteuropa und der Öffnung der Berliner Mauer verunsichert. Wie Mitterrand nun aber tatsächlich zur deutschen Wiedervereinigung stand ist umstritten. Gisela Müller-Brandeck-Bocquet schreibt in ihrem Buch zur französischen Europapolitik, dass Mitterrand die Wiedervereinigung „möglichst verhindern oder zumindest verlangsamen" wollte.[320] Auch einer seiner damaligen Berater, Jaques Attali, behauptet, Mitterrand hätte der Wiedervereinigung zunächst ablehnend gegenüber gestanden. Mitterrand selbst distanzierte sich jedoch von dieser Aussage und wird darin von anderen seiner Mitarbeiter unterstützt, die hervorhoben, dass er die Wiedervereinigung Deutschlands nicht grundsätzlich ablehnte.[321] Auch Helmut Kohl empfand die Rolle Mitterrands in dieser Zeit als „undurchsichtig".[322]

Ob Mitterrand nun die deutsche Einigung verhindern oder verlangsamen wollte, ist nicht geklärt. Anfangs ging er aber offenbar noch davon aus, dass eine deutsche Wiedervereinigung in jedem Fall an Gorbatschows Widerstand scheitern würde, da dieser sicher gegen eine deutsche Wiedervereinigung sein und einer Zugehörigkeit Gesamtdeutschlands zur NATO niemals zustimmen

---

[318] Vgl. Woyke 2004, S. 22f.
[319] Vgl. Picht 1990, S. 48f.
[320] Müller-Brandeck-Bocquet 2004, S. 88.
[321] Vgl. Krell 2007, S. 326.
[322] Vgl. Kohl 2005, S. 1033.

würde.[323] Als Mitterand im Dezember 1989 Gorbatschow einen Besuch abstattet, wird ihm jedoch klar, dass von diesem kein großer Widerstand zu erwarten ist.[324] Außer Frage steht aber, dass Mitterrand versuchte Einfluss auf den Prozess der Wiedervereinigung zu nehmen und französische Interessen durchsetzen wollte. So reiste er im Dezember 1989 in die DDR und sprach dort von seiner Idee einer Föderation oder Konföderation beider deutscher Staaten, die in eine europäische Konföderation eingebunden sein sollte.[325] Mit seinem Besuch wollte Mitterrand die Wichtigkeit eines europäischen Gleichgewichts herausstellen und sicherstellen, dass der Wiedervereinigungsprozess im Rahmen der europäischen Integration ablief.[326] Dies führte allerdings zu einer Verschlechterung des deutsch-französischen Verhältnisses. Kanzler Kohl zeigte sich verstimmt, sah er doch in dem offiziellen Besuch eine Behinderung für den „Prozess der radikalen Veränderungen in der DDR".[327] Kohl erwartete, dass dieser Besuch die neue SED-Führung international aufwerten würde. Dies wollte er verhindern und kam darum Mitterrand zuvor und verabredete mit Ost-Berlin, ein Treffen, das zeitlich kurz vor dem Staatsbesuch Mitterrands lag.[328]

Auf Einladung von Mitterrand, damals amtierender EG-Präsident, kamen am 18. November 1989 die Staats- und Regierungschefs zu einem Sondertreffen in Paris zusammen. Mitterrand war offenbar besorgt, dass auf dem für Anfang Dezember geplanten EG-Gipfel in Straßburg, aufgrund der aktuellen Entwicklungen, die Wirtschafts- und Währungsunion und die Sozialcharta nicht mehr im Zentrum stehen würden. Angesichts der Geschehnisse in Osteuropa wollte er den Integrationsprozess verstärken und beschleunigen. Außerdem kam es für Frankreich darauf an, die BRD erkennbar fest in die westliche Gemeinschaft einzubinden. Während des Treffens wurde Helmut Kohl scharf von Margaret Thatcher angegriffen. Dieser verteidigte das Streben der Deutschen nach der Wiedervereinigung und wies darauf hin, dass auch die NATO positiv zur deutschen Einigung stünde, was Thatcher nur noch mehr in Rage brachte. Kohl schien es, als würde auch Mitterrand Thatchers Ansichten teilen.[329] Kohl war sich bewusst, dass man in der politischen Klasse Frankreichs der Wiedervereinigung ablehnend gegenüberstand[330] und es wurde ihm, nach

---
[323] Vgl. Müller-Brandeck-Bocquet 2004, S. 89f.
[324] Vgl. Woyke 2004, S. 27.
[325] Vgl. Müller-Brandeck-Bocquet 2004, S. 91f.
[326] Vgl. Woyke 2004, S. 27f.
[327] Vgl. Kohl 2005, S. 1033.
[328] Vgl. Kohl 2005, S. 987.
[329] Vgl. ebd. S. 983f.
[330] Vgl. ebd. S. 985.

eigener Aussage, auf dem Sondergipfel klar, dass er auch seinen Freund Mitterrand in diese Frage nicht an seiner Seite wissen konnte.[331]

Das Zehn-Punkte-Programm

Kohl wollte nun selbst die Initiative ergreifen, denn seiner Meinung nach war „mit dem Fall der Berliner Mauer [...] die deutsche Frage über Nacht zu dem großen Thema der internationalen Politik geworden".[332] So stellte er am 28. November 1989 vor dem Deutschen Bundestag sein Zehn-Punkte-Programm zur deutschen Einheit vor.[333] Darin beschreibt Kohl den Weg zu einer Föderation beider deutscher Staaten über die Zwischenschritte einer Vertragsgemeinschaft und einer Konföderation. Absichtlich verzichtet er auf die Festlegung eines festen Zeitplans um Handlungsspielraum zu behalten und international nicht für noch mehr Aufregung zu sorgen.[334] Nachdem Kohl sich für den Termin zur Vorstellung seines Zehn-Punkte-Plans entschieden hatte, unterrichtete er nur einen kleinen Kreis und hielt ihn ansonsten geheim.[335] Diese Geheimhaltung war zum einen notwendig, da Kohl, wenn der Plan verfrüht bekannt geworden wäre, den Überraschungseffekt eingebüßt hätte. Zum anderen rechnete er damit, dass es auch international Widerstände geben würde.[336] Letztendlich wollte Kohl also selbst die Kontrolle über den weiteren Prozess zur Wiedervereinigung gewinnen und sich das Zepter nicht mehr aus der Hand nehmen lassen.[337]

Dieser Vorstoß löste, nicht überraschend, international Irritationen aus, auch bei Frankreichs Präsident Mitterrand. Dieser fühlte sich übergangen, da er nicht vorher unterrichtet worden war. Außerdem beanstandete er, dass Kohls Zehn-Punkte-Programm nicht auf wichtige Fragen wie die Anerkennung der Oder-Neiße-Grenze oder die Rolle der Siegermächte bei der Wiedervereinigung einging.[338] Mitterrand selbst erinnert sich etwas anders an seine Reaktion als es allgemein verbreitet wird. Nach eigener Aussage habe er durchaus Verständnis für Kohls Lage gehabt und nie Kohls Recht bestritten selbst die Initiative zu ergreifen. Der Zehn-Punkte-Plan habe darum letztlich nicht zu einer

---

[331] Vgl. ebd. S. 988.
[332] Ebd. S. 988.
[333] Vgl. Woyke 2004, S. 26.
[334] Vgl. Kohl 2005, S. 991ff.
[335] Vgl. ebd. S. 996.
[336] Vgl. Müller, Dirk: "In Prag ist der erste Stein aus der Mauer gebrochen". Rudolf Seiters blickt auf den Einigungsprozess vor 20 Jahren zurück. Rudolf Seiters im Gespräch mit Dirk Müller (28.09.2010), URL: http://www.dradio.de/dlf/sendungen/interview_dlf/1282989/ (Stand: 31.12.2010).
[337] Vgl. Woyke 2004, S. 26.
[338] Vgl. Müller-Brandeck-Bocquet 2004, S. 92f.

Verschlechterung des deutsch-französischen Verhältnisses geführt. Lediglich dass die drei ihm wichtigen Themen – die Grenzfrage, die Bündnisfrage und die Rolle der Siegermächte – keine Erwähnung fanden, hätte Diskussionsbedarf hinterlassen.[339] Dass Mitterrand zumindest anfangs über Kohls nicht abgesprochenes Vorgehen verstimmt war, ist jedoch stark anzunehmen.

Vor allem die Frage der Anerkennung der Oder-Neiße-Grenze blieb ein Dauerstreitthema zwischen Kohl und Mitterrand, da nach Kohls Meinung erst ein vereinigtes Deutschland endgültig dazu Stellung nehmen könne.[340]

Der EG-Gipfel Dezember 1989

Der EG-Gipfel im Dezember wird für Kanzler Kohl zu einem schweren Gang. Kohl selbst erinnert sich, dass dort die schlechteste Atmosphäre herrschte, die er jemals zuvor erlebt hatte. Obwohl sich Kohl keine Illusionen hinsichtlich der Beliebtheit der Deutschen bei den meisten Europäern machte und deren Sorgen bis zu einem gewissen Grad nachvollziehen konnte, war er von der Feindseligkeit, die ihm entgegenschlug, überrascht. Der wütende Äußerung Margaret Thatchers: „Zweimal haben wir die Deutschen geschlagen! Jetzt sind sie wieder da!"[341], spricht für sich. Kohl glaubt, dass sie damit wohl den meisten der Staats- und Regierungschefs aus dem Herzen sprach. Auch von Mitterrand war Kohl aufgrund dessen Verhalten teilweise enttäuscht.[342] Dieser machte die Zustimmung der Bundesregierung zur Einsetzung einer Regierungskonferenz zur Wirtschafts- und Währungsunion zur Voraussetzung für sein Einverständnis zur Wiedervereinigung.[343] Vermutlich auch wegen dieses enormen Drucks unter dem er stand, stimmte Kohl auf dem Gipfel der Einsetzung einer Regierungskonferenz zur WWU noch vor Ende des Jahres 1990 zu.[344] Grundsätzlich hatte Kohl sich schon vorher zu einer Wirtschafts- und Währungsunion bekannt, die Verhandlungen wollte er aber – anders als Mitterrand - erst Anfang 1991 beginnen lassen, wovon er nun abrückte.[345] Am Ende des Gipfels erkannte der Europäische Rat trotz allem das

---

[339] Vgl. Mitterrand 1996, S. 54ff.
[340] Vgl. ebd. S. 126.
[341] Zitiert nach Kohl 2005, S. 1013.
[342] Vgl. Kohl 2005, S. 1011ff.
[343] Vgl. Müller-Härlin, Maximilian: Nation und Europa in Parlamentsdebatten zur Europäischen Integration. Identifikationsmuster in Deutschland, Frankreich und Großbritannien nach 1950. Nomos Universitätsschriften Geschichte Band 17, Baden-Baden 2008, S. 326.
[344] Vgl. Kessler 2010, S. 134.
[345] Vgl. Viebig, Jan: Der Vertrag von Maastricht. Die Positionen Deutschlands und Frankreichs zur Europäischen Wirtschafts- und Währungsunion, Stuttgart 1999, S. 113.

Selbstbestimmungsrecht der Deutschen und somit ihr Recht auf Wiedervereinigung an, band daran aber diverse Forderungen, wie z.b., dass sich die deutsche Wiedervereinigung im Rahmen der europäischen Integration abspielen müsse. Kohls Zustimmung zur Einsetzung der Regierungskonferenz mag ihren Teil dazu beigetragen haben, dass der Europäische Rat bereit war das Streben der Deutschen nach der Einheit als legitim anzuerkennen.[346] Kohl erbrachte dieses Zugeständnis vermutlich als Beweis für sein europapolitisches Engagement.

Entspannung

Spätestens seit Kohls Verkündung seines Zehn-Punkte-Programms war das deutsch-französische Verhältnis und ebenso die Freundschaft zwischen François Mitterrand und Helmut Kohl äußerst angespannt gewesen. Diese Spannungen belasteten Helmut Kohl so sehr, dass er am 4. Januar 1990 zu Mitterrand nach Frankreich flog. Dort führten beide ein klärendes Gespräch. In dessen Verlauf versicherte Kohl, dass er zum Erreichen seines Ziels der deutschen Einheit nichts unternehmen werde, was Gorbatschow in Schwierigkeiten bringen könnte. Dies war eine der größten Sorgen Mitterrands gewesen. Er befürchtete, dass eine zu schnelle Entwicklung in Deutschland die Gegenspieler Gorbatschows in Moskau stärken würde. Außerdem bekräftigte Kohl nachdrücklich das Engagement des vereinigten Deutschlands in der Europapolitik und es gelang ihm letzten Endes Mitterrands Ängste zu zerstreuen und das Vertrauensverhältnis wieder herzustellen.[347] Kohl und Mitterrand waren sich einig darüber, dass mit der deutschen Einheit eine vertiefte europäische Integration einhergehen müsse. Am 17. Januar sprach Kohl auch vor der französischen Nationalversammlung, um noch einmal über Missverständnisse bezüglich seines Zehn-Punkte-Programms aufzuklären. Die deutsch-französischen Beziehungen verbesserten sich deutlich nach diesen beiden Besuchen in Frankreich. Nur die Frage der Oder-Neiße-Grenze, die Kohl nach wie vor erst von einem vereinigten Deutschland anerkennen lassen wollte, trübte die Stimmung weiterhin.[348]

Im Februar 1990 gab Gorbatschow schließlich seine Zustimmung zur deutschen Einheit. Mitterrand war zuvor überzeugt gewesen, dass Gorbatschow dieses Zugeständnis niemals machen würde, musste nun aber seinen Irrtum erkennen.

---

[346] Vgl. Kessler 2010, S. 134.
[347] Vgl. Kohl 2005, S. 1034ff.
[348] Vgl. Müller-Brandeck-Bocquet 2004, S. 95f.

Spätestens nachdem das Ergebnis der Volkskammerwahlen in der DDR im März 1990 gezeigt hatte, dass auch die DDR-Bürger die Wiedervereinigung wollten, begann Mitterrand und mit ihm die politische Klasse Frankreichs, sich auf die deutsche Einigung einzustellen, wobei er auch weiterhin auf die Parallelität zwischen deutscher und europäischer Einigung pochte. Auch an seinen bereits früher erhobenen Forderungen – die Zustimmung der vier Siegermächte (USA, Großbritannien, Sowjetunion und Frankreich) zur Wiedervereinigung, die Unverletzlichkeit der Grenzen in Europa (vor allem die Oder-Neiße-Grenze) – hielt er fest.[349]

Die Zwei-Plus-Vier-Verhandlungen

Nachdem auch die letzten großen grundsätzlichen Widerstände gegen die deutsche Einheit überwunden waren, musste ein Plan für den Wiedervereinigungsprozess gefunden werden. Dafür gab es zwei Möglichkeiten: eine kleine Konferenz, bestehend aus den vier Siegermächten und den beiden Deutschlands oder eine große Konferenz mit allen 53 Kriegsgegnern. Die zweite Möglichkeit, eine Friedenskonferenz mit allen Kriegsgegnern, wollte Deutschland unbedingt verhindern. Man befürchtete, dass eine solche Konferenz zu lange dauern und auch sehr teuer werden würde, da sicher viele Staaten Reparationszahlungen fordern würden.[350] Die Alliierten waren auch dagegen, da sie fürchteten unter so vielen Teilnehmern ihre Bedeutung zu verlieren.[351] So einigte man sich schließlich im Februar 1990 auf der Open-Skies-Konferenz im kanadischen Ottawa auf die kleinere Option. Nur die beiden deutschen Staaten und die vier Siegermächte nahmen an den Gesprächen zur Wiedervereinigung teil, welche sinnhaft als Zwei-Plus-Vier-Verhandlungen bezeichnet wurden. Diese Lösung war für die Deutschen die bessere, da sie in einem kleineren Kreis mehr Einfluss auf die Verhandlungen gewinnen konnten. Frankreich verfolgte bei den Verhandlungen das Ziel auch das vereinte Deutschland als Mitglied der NATO zu behalten. Ein neutrales Gesamtdeutschland lehnte man ab. Außerdem legte Mitterrand weiterhin auf die Anerkennung der Oder-Neiße-Grenze besonderen Wert. Darum verlangte er auch, dass Polen an den Zwei-Plus-Vier-Verhandlungen teilnehmen sollte.[352] Wie Mitterrand berichtet, war Kohl anfangs gegen eine Teilnahme Polens gewesen und hatte außerdem einen Sonderstatus und Reparationszahlungen für die Heimatvertriebenen aus Polen gefordert.

---

[349] Vgl. Woyke 2004, S. 28f.
[350] Vgl. ebd. S. 29f.
[351] Vgl. Wiegrefe, Klaus: Allein gegen alle, in: Der Spiegel Nr. 39 (2010), S. 47.
[352] Vgl. Woyke 2004, S. 30.

Diese Forderungen ließ Kohl aber schließlich fallen.[353] Man entschied, dass Polen dann zu den Verhandlungen hinzustoßen sollte, wenn über dessen Westgrenze gesprochen würde.[354] Auch dieser letzte Dauerstreitpunkt zwischen Mitterrand und Kohl war damit vom Tisch. Auf den 55. deutsch-französischen Konsultationen im April war die Stimmung besser denn je. Kohl spricht in diesem Zusammenhang von einer Rückkehr der „außergewöhnliche[n] Intensität und Freundschaft"[355], die wieder in den Beziehungen zwischen Mitterand und ihm herrschte. Für das wiedergefundene gute Verhältnis spricht auch eine gemeinsame deutsch-französische Initiative zu einer politischen Union, die Kohl und Mitterrand im selben Monat an die anderen Mitgliedsstaaten der EG richteten.[356]

Im Mai 1990 begannen schließlich die Zwei-Plus-Vier-Verhandlungen. Nur vier Monate später, im September, wurde der Zwei-Plus-Vier-Vertrag unterzeichnet und die Verhandlungen damit abgeschlossen. In ihm war nun der Status des vereinigten Deutschlands geregelt. Das Land erhielt seine Souveränität zurück, die Alliierten gaben ihre Rolle als Schutzmächte auf. Das Territorium Deutschlands wurde klar definiert und die Oder-Neiße-Grenze anerkannt. Die Truppengröße wurde begrenzt und Deutschland verpflichtete sich auf ABC-Waffen zu verzichten. Des Weiteren wurde festgelegt, dass auf dem Gebiet der ehemaligen DDR, bis zum Abzug der sowjetischen Truppen, keine NATO-Verbände stationiert würden. Mit dem Zwei-Plus-Vier-Vertrag wurde die deutsche Wiedervereinigung völkerrechtlich verankert und international anerkannt. Formal wurde Deutschland auch eine freie Bündniswahl zugestanden. Eine andere Option, als die, auch als Gesamtdeutschland der NATO anzugehören, stand aber nie wirklich zur Debatte. Frankreich, Großbritannien und die USA hätten das nicht akzeptiert und Deutschland wollte es auch nicht anders.[357] Gorbatschow hatte sich anfangs noch gegen eine NATO-Mitgliedschaft des vereinten Deutschlands gestellt, gestattete ihm dann aber doch eine freie Bündniswahl, nachdem die BRD bereit war der Sowjetunion diverse finanzielle Hilfen zukommen zu lassen.[358]

Helmut Kohl stellt diesen Sachverhalt in seinen Memoiren interessanterweise etwas anders dar. In seiner Schilderung waren nicht die finanziellen

---

[353] Vgl. Mitterrand 1996, S. 132.
[354] Vgl. Woyke 2004, S. 30.
[355] Kohl, Helmut: Erinnerungen. 1990 - 1994, München 2007, S. 94.
[356] Vgl. ebd., S. 94f.
[357] Vgl. Woyke 2004, S. 31.
[358] Vgl. Müller-Brandeck-Bocquet 2004, S. 91.

Zugeständnisse ausschlaggebend für Gorbatschows Einlenken, sondern das verhandlungstaktische Geschick von Kohl und seinem Team.[359]

Am 3. Oktober 1990 trat die Deutsche Demokratische Republik der Bundesrepublik Deutschland bei. Damit war die Wiedervereinigung vollzogen. Am 15. März 1991 trat der Zwei-Plus-Vier-Vertrag in Kraft. Dies bedeutete das Enden der Sonderrechte Frankreichs und der anderen Alliierten in Deutschland.[360]

Bilanz

Betrachten wir zusammenfassend wie es um die deutsch-französischen Beziehungen im Prozess der Wiedervereinigung stand.

Frankreich fand den Wunsch der Deutschen nach Wiedervereinigung legitim, befand sich aber in dem Dilemma, zwischen der Anerkennung des Selbstbestimmungsrechts der Deutschen und seinen nationalen Interessen entscheiden zu müssen. Frankreichs politische Klasse war nicht begeistert von der Perspektive einer deutschen Wiedervereinigung. Ängste vor einem neuen dominanten Deutschland und dessen Wirtschaftskraft kamen auf. Mitterrands Einstellung zur Deutschen Einheit lässt sich auch im Nachhinein nicht klar feststellen, da sich, wie ich bereits dargelegt habe, hier die Aussagen der Beteiligten und der Chronisten widersprechen. Mal ist die Rede davon, Mitterrand hätte die Einheit verhindern oder verzögern wollen, an anderer Stelle heißt es, er habe im Grunde nichts gegen die Einheit gehabt und wollte nur bestimmte Prinzipien im Wiedervereinigungsprozess beachtet sehen.

Auf jeden Fall verhielt sich Mitterrand zunächst sehr zurückhaltend was eine Unterstützung der deutschen Wiedervereinigungspläne anging und verfolgte nach der Maueröffnung verschiedene Strategien. Zum einen wollte Mitterrand parallel zur deutschen Einigung die europäische Integration stärker vorantreiben und Deutschland dabei fest einbinden. Sein Drängen auf die Einberufung der Regierungskonferenz zur Wirtschafts- und Währungsunion ist ein Beleg dafür. Zum anderen ging es ihm auch darum Einfluss auf den Prozess der Wiedervereinigung zu bekommen, was er durch eine verstärkte internationale Präsenz zu erreichen versuchte.[361] Besondere Bedeutung hatte es für Mitterrand außerdem, zu verhindern, dass Gorbatschow Schwierigkeiten wegen der

---

[359] Vgl. Kohl 2007, S. 174ff.
[360] Vgl. Woyke 2004, S. 31.
[361] Vgl. ebd., S. 32.

schnellen Entwicklung in Deutschland bekam. Er war überzeugt, dass die Sowjetunion die Wiedervereinigung nicht akzeptieren würde und möglicherweise mit militärischen Aktionen drohen könnte.[362]

Im Verlauf des Prozesses zur Wiedervereinigung kam es noch zu weiteren Irritationen. So stimmte Kohl sein Zehn-Punkte-Programm nicht mit Frankreich ab, was dort zu Verärgerung führte. Auch blieb der Zeitpunkt der Anerkennung der Oder-Neiße-Grenze ein ständiges Streitthema, bei dem Kohl und Mitterrand beide nicht von ihren Standpunkten abrücken wollten.

In Deutschland reagierten viele mit Unverständnis auf Frankreichs Zurückhaltung in der deutschen Frage. Helmut Kohl, von Beginn an ein Verfechter der deutschen Einheit, konnte einige Sorgen seines Nachbarlandes zwar nachvollziehen, war aber trotzdem irritiert und enttäuscht über bestimmte Handlungen und Äußerungen Mitterrands, hatte er doch in dem französischen Präsidenten stets einen Freund gesehen.

So war die Anfangsphase des Wiedervereinigungsprozesses durch Misstrauen und vorsichtiges Taktieren auf beiden Seiten gekennzeichnet. Nach klärenden Gesprächen zwischen Kohl und Mitterrand und im Zuge der Zwei-Plus-Vier-Verhandlungen konnten jedoch diese Spannungen aufgelöst werden.[363] Am Ende fanden beide zu ihrem freundschaftlichen Verhältnis zurück, was sich durch eine gemeinsame deutsch-französische Initiative zur Einsetzung einer Regierungskonferenz zur politischen Union äußerte. Man kann es sicher auch als Zeichen der Stärke der Freundschaft zwischen Helmut Kohl und François Mitterrand ansehen, dass sich aus den mit der deutschen Wiedervereinigung verbundenen Spannungen, keine echte Krise entwickelte. Wie Mitterrand sich erinnert, war selbst die andauernde Diskussion über die Oder-Neiße-Grenze stets freundschaftlich.[364]

An dieser Stelle will ich ein erstes Fazit zu meiner eingangs aufgestellten These ziehen. Tatsächlich spricht einiges dafür, dass die deutsche Wiedervereinigung die europäische Integration beschleunigt hat. Auf dem EG-Gipfel im Dezember 1989 stimmte Kohl der Einsetzung der Regierungskonferenz zur Wirtschafts- und Währungsunion noch vor Ende 1990 zu. Damit wich er von seinem vorherigen Standpunkt ab, die Verhandlungen erst zu einem späteren Zeitpunkt

---

[362] Vgl. Kohl 2005, S. 1035.
[363] Vgl. Woyke 2004, S. 33.
[364] Vgl. Mitterand 1996, S. 29.

beginnen zu lassen. Deutschland und vor allem auch Kohl als deutscher Bundeskanzler standen im Dezember 1989 unter großem internationalen Druck und auf dem EG-Gipfel schlug Kohl eine eisige Stimmung entgegen. In dieser Situation hielt Kohl es wahrscheinlich für angebracht, der Forderung Mitterrands nach einem früheren Starttermin der Regierungskonferenz entgegenzukommen, um so sein Engagement für Europa unter Beweis zu stellen und so auch mehr internationale Akzeptanz für die Wiedervereinigung zu erlangen. Mitterrand selbst hatte die Zustimmung zur Einsetzung der Regierungskonferenz zur Voraussetzung seiner Unterstützung der deutschen Einheit gemacht, denn seine große Angst war es, das vereinte Deutschland würde sich nicht mehr so stark in Europa engagieren. Dieser Sorge wollte Kohl entgegentreten. In dieser Hinsicht hat also der Prozess der Wiedervereinigung wirklich zu einer Beschleunigung des Integrationsprozesses in Europa geführt.

Der Vertrag von Maastricht

Der Prozess der Wiedervereinigung Deutschlands ging direkt in die Vorbereitungen zum Maastrichter Vertrag über bzw. überschnitt sich zeitlich zum Teil mit diesen. Bereits im April 1990 verfassten François Mitterrand und Helmut Kohl eine Botschaft in der sie die parallele Schaffung einer Wirtschafts- und Währungsunion und einer politischen Union vorschlugen.[365] Schließlich wurden auch zwei Regierungskonferenzen eingesetzt – eine zur Vorbereitung der WWU und eine zur Vorbereitung der politischen Union. Die Ergebnisse beider Konferenzen schlugen sich am Ende im Maastrichter Vertrag nieder. Im Folgenden werde ich zunächst auf die Entstehung des Maastrichter Vertrags, mit Fokus auf die politische Union eingehen. Den Verhandlungen zur WWU widme ich im Anschluss ein eigenes Kapitel.

Meine Untersuchung der deutsch-französischen Beziehungen bei der Entstehung des Maastrichter Vertrages werde ich am Zeitpunkt der gerade erwähnten ersten gemeinsamen Initiative Mitterrands und Kohls im April 1990 beginnen. Die gemeinsamen deutsch-französischen Initiativen werden in meiner folgenden Schilderung des Zustandekommens des Maastrichter Vertrags im Zentrum stehen. Kohl und Mitterrand verfolgten während der Verhandlungen zum Teil unterschiedliche Ziele, die sie im Vertrag verankert sehen wollten. Welche dies

---

[365] Vgl. Woyke 2004, S. 40.

waren und wie das Ergebnis der Verhandlungen im fertigen Maastrichter Vertrag aussah, werde ich ebenfalls betrachten.

Als Grundlage für meine Ausführungen habe ich das Buch „Frankreichs Europapolitik" von Gisela Müller-Brandeck-Bocquet, den Beitrag „Deutsche Europapolitik unter Helmut Kohl" von Ulrike Kessler in „Deutsche Europapolitik. Von Adenauer bis Merkel" von Gisela Müller-Brandeck-Bocquet u.a. verwendet, sowie das Buch „Deutsch-französische Beziehungen seit der Wiedervereinigung. Das Tandem fast wieder Tritt" von Wichard Woyke.

Gemeinsame Initiativen in der Europapolitik – Der Weg zu Maastricht

Nachdem die guten Beziehungen zwischen Kohl und Mitterrand wieder hergestellt waren, lancierten beide am 18. April 1990 die erste einer Reihe von Initiativen zur Europapolitik.[366] Man war sich einig, für mehr Integration in Europa einzutreten. Sowohl Mitterrand als auch Kohl verfolgten das Ziel Deutschland unumkehrbar in der Europäischen Union zu verankern, beide jedoch aus unterschiedlichen Gründen. Mitterrand wollte eine „Garantie gegen eine neue deutsche Beherrschung in Europa"[367], während Kohl zukünftige Regierungen binden und die deutsche Sonderrolle endgültig beenden wollte. Im April 1990 richteten Mitterrand und Kohl also eine gemeinsame Botschaft an den Ratsvorsitzenden Haughey und machten den anderen EG-Ländern den Vorschlag, zusätzlich zur der schon 1988 beschlossenen wirtschaftlichen Union, noch eine politische Union aufzubauen. Beide waren der Ansicht, dass nur mit einer parallelen politischen Union eine Wirtschafts- und Währungsunion auf Dauer erfolgreich sein könnte.[368] Vor allem für Helmut Kohl gehörten beide Unionen zusammen. Zunächst hatte er sogar vor, seine Unterschrift unter dem Vertrag zur WWU von einem zufriedenstellenden Resultat bei der politischen Union abhängig zu machen. Mitterrands Verhalten war dagegen eher zurückhaltend und es blieb unklar inwiefern er bereit war, Souveränitätsbereiche im Rahmen einer politischen Union abzugeben.[369] Für Kohl war diese erste deutsch-französische Initiative „die eigentliche Geburtsstunde der Verhandlungen, die zum Vertrag von Maastricht führten".[370]

---

[366] Vgl. Müller-Brandeck-Bocquet 2004, S. 97.
[367] Woyke 2004, S. 39.
[368] Vgl. Woyke 2004, S. 39ff.
[369] Vgl. Müller-Brandeck-Bocquet 2004, S. 97f.
[370] Kohl 2007, S.526.

Am 6. Dezember 1990 folgte eine weitere gemeinsame Initiative Mitterands und Kohls. Darin machten beide Vorschläge zur Realisierung der Europäischen Union. Hier war bereits erkennbar, dass Kohl und Mitterrand unterschiedliche Konzepte einer Europapolitik vor Augen hatten. Deutschland vertrat einen föderativen Ansatz und wollte u.a. eine Stärkung des Europäischen Parlaments erreichen. Frankreichs Vorstellungen waren eher intergouvernemental ausgerichtet und man wollte eher den Europäischen Rat in Fragen der Gemeinsamen Außen- und Sicherheitspolitik stärken.[371] Die beiden Regierungskonferenzen, die letztlich zum Maastrichter Vertrag führten, begannen am 14. bzw. 15. Dezember 1990.[372]

In den Verhandlungen gelang es Frankreich und Deutschland, trotz unterschiedlicher Konzepte, sich auf eine gemeinsame Position zu einigen. Gegen Ende der Verhandlungen, am 14. Oktober 1991, starteten Mitterrand und Kohl noch eine weitere Initiative zur Außen-, Sicherheits- und Verteidigungspolitik.[373] Mit dieser versuchten sie insbesondere „der Union außen- und sicherheitspolitisches Profil zu geben".[374] Der Vertrag von Maastricht („Vertrag über die Europäische Union") wurde am 9. bzw. 10. Dezember 1991 auf dem Europäischen Rat in Maastricht beschlossen und am 7. Februar 1992 unterzeichnet. Nachdem der Ratifizierungsprozess abgeschlossen war, konnte er am 1. November 1993 schließlich in Kraft treten.[375]

Damit Kohl und Mitterand ihre gemeinsamen Initiativen starten konnten, mussten beide hinsichtlich ihrer Vorstellungen Kompromisse eingehen. Kohl wollte vor allem die Kompetenzen des Europäischen Parlaments erweitern und es somit stärken. Dabei orientierte er sich an einem bundesstaatlichen Leitbild und der deutschen föderalen Tradition. In dieser föderalen Denkweise musste auch die europäische Ebene genügend demokratisch legitimiert sein.[376] Wenn weitere Souveränitätsrechte von den nationalen Regierungen und Parlamenten auf europäische Institutionen übertragen werden sollten, so musste entsprechend auf der europäischen Ebene eine parlamentarische Kontrolle gegeben sein.[377] Die

---

[371] Vgl. Woyke 2004, S. 41f.
[372] Vgl. Müller-Brandeck-Bocquet 2004, S. 101.
[373] Vgl. Woyke 2004, S. 42.
[374] Ebd., S. 42.
[375] Vgl. ebd., S. 44f.
[376] Vgl. Kessler 2010, S. 144.
[377] Vgl. Kohl 2007, S. 282.

Forderung nach der Stärkung des Europäischen Parlaments lief letztlich auf eine Stärkung des supranationalen Charakters der Gemeinschaft heraus.

Ein weiteres Ziel das die deutsche Regierung verfolgte war es, die Währungsunion an die politische Union zu koppeln.[378] Helmut Kohl betont dazu: „Beide Ziele gehörten für uns unauflöslich zusammen".[379]

Mitterrand wollte die wirtschaftliche Einheit abschließen und der EU durch die Gemeinsame Außen- und Sicherheitspolitik zu einem bedeutenderen Platz in der Weltpolitik verhelfen. Die weitere Verankerung Deutschlands in Europa stand weiterhin auf der Mitterrands Agenda. Auch die Fortsetzung des Demokratisierungsprozesses der EG war wichtig für die französische Seite.[380] Dies führte nach Frankreichs Vorstellung eher zu einer Wahrung des intergouvernementalen Grundsatzes, denn Frankreich folgte dem Konzept des Staatenbunds und sah die Nation als zentrale Ebene der demokratischen Legitimation. Folglich wollte man den Europäischen Rat stärken und die nationalen Parlamente auf der europäischen Ebene stärker repräsentiert sehen.[381]

Um also überhaupt zu einer gemeinsamen Position zu finden, entfernten sich beide Seiten etwas von ihren ursprünglichen Vorstellungen. Die in den gemeinsamen Initiativen vorgeschlagene Ausdehnung der Kompetenzen der Union und des Europäischen Parlaments, die Forderung nach häufigeren Mehrheitsentscheidungen im Rat oder der Vorschlag der Einführung einer Unionsbürgerschaft waren supranationale Elemente. Dagegen zeigt sich in den Vorschlägen zum Bereich der Gemeinsamen Außen- und Sicherheitspolitik, in der die Mitgliedsstaaten die Hauptakteure bleiben sollten, der Einfluss Frankreichs in Richtung einer intergouvernemental ausgerichteten Union. Frankreich war bereit diverse Zugeständnisse in Richtung Supranationalität zu machen, da man der weiteren Einbindung Deutschlands Priorität einräumte und der Gemeinschaft einen bedeutenderen Platz in der Weltpolitik mittels der Europäischen Union verschaffen wollte. Letzten Endes haben die deutsch-französischen Versuche den Integrationsprozess durch die gemeinsamen Initiativen wieder anzustoßen, gefruchtet. So wurden die Verhandlungen im Rahmen der beiden Regierungskonferenzen beschleunigt und mündeten schließlich im Maastrichter Vertrag. Die gemeinsamen Initiativen konnten aber nicht über die Uneinigkeit in vielen europapolitischen Auffassungen

---

[378] Vgl. Woyke 2004, S. 43.
[379] Kohl 2007, S. 284.
[380] Vgl. Woyke 2004, S. 43.
[381] Vgl. Kessler 2010, S. 144.

hinwegtäuschen. Diese Differenzen äußerten sich auch im Maastrichter Vertrag, der in seiner Integrationsmethode zwiespältig war.[382]

Abschluss des Maastrichter Vertrags

Die Europäische Union wurde durch den Vertrag von Maastricht gegründet. Die Grundlage dieser politischen Union wurde häufig unter Rückgriff auf das Bild einer Drei-Säulen-Struktur erklärt. Die erste Säule bildeten die drei europäischen Gemeinschaften – die Europäische Gemeinschaft für Kohle und Stahl (EGKS), die Europäische Atomgemeinschaft (Euratom) und die Europäische Gemeinschaft (EG). Die zweite und dritte Säule umfassten die Gemeinsame Außen- und Sicherheitspolitik bzw. die Bereiche Justiz und Inneres (ZIJ). Die erste Säule verkörpert einen supranationalen Ansatz während die beiden anderen Säulen intergouvernemental organisiert sind. Die Integrationstiefe in den verschiedenen Politikgebieten, die in der EU verbunden waren, war demnach unterschiedlich weit fortgeschritten.[383] Die politische Finalität der Europäischen Union war völlig offen.[384] Die EU hatte im Rahmen des Maastrichter Vertrages keine eigene Rechtspersönlichkeit, die drei Gemeinschaften hatten ihre Rechtspersönlichkeit behalten. Indes wurden die Gemeinschaftsverträge und der Unionsvertrag durch Maastricht eng verflochten. Die Union fungierte demnach, bildlich gesprochen, als eine Art Dach auf dem Drei-Säulen-Gebilde.[385]

Am Zustandekommen einiger wichtiger Neuerungen, die der Maastrichter Vertrag mit sich brachte, hatten die gemeinsamen Initiativen Kohls und Mitterrands einen entscheidenden Anteil. Dazu gehören die Einführung der Unionsbürgerschaft, die Schaffung des Euro als gemeinsame Währung im Rahmen der WWU, die Einrichtung einer Gemeinsamen Außen- und Sicherheitspolitik, die Einführung der Zusammenarbeit in der Justiz- und Innenpolitik und die Stärkung des Schutzes der Menschenrechte. Es wurden auch einige bedeutende institutionelle Änderungen vorgenommen. So wurde das Europäische Parlament gestärkt, der Ausschuss der Regionen wurde eingeführt, der Ländern und Regionen beim Gesetzgebungsverfahren eine beratende Funktion zugesteht und es wurde ein Abkommen über Sozialpolitik geschlossen.[386]

---

[382] Vgl. Woyke 2004 S. 43f.
[383] Vgl. Woyke 2004, S. 45.
[384] Vgl. ebd. S. 49.
[385] Vgl. ebd. S. 45.
[386] Vgl. ebd. S. 46ff.

Gerade die Stärkung des Europäischen Parlaments war ein wichtiges Anliegen Helmut Kohls gewesen. Durch den Maastrichter Vertrag wurde das Verfahren der parlamentarischen Mitentscheidung eingeführt. Das Europäische Parlament hatte nun in bestimmten Fällen eine Vetomöglichkeit, die gleichwertig mit Position des Rates war. Das neue Verfahren kam aber, u.a. entgegen dem Willen Deutschlands, nur in einer begrenzten Anzahl von Bereichen zur Geltung. Das Parlament hatte nun ebenfalls ein Mitspracherecht bei der Ernennung der Kommission und musste der Kommission in Gänze zustimmen. Außerdem konnte der Kommissionspräsident erst nach Anhörung des Parlaments ernannt werden. Eine letzte Neuerung war, dass das Parlament künftig die Kommission auffordern konnte, Vorschläge zu einem Gemeinschaftsakt zu machen. Dies kam einem Initiativrecht nahe.

Deutschland wollte dem Parlament die gleiche Stellung wie dem Rat einräumen. Frankreich war jedoch dagegen und versuchte sogar, die eigentlich in einer gemeinsamen deutsch-französischen Initiative geforderte Stärkung des Parlaments einzudämmen. Kohl zeigte sich enttäuscht und überrascht über den Widerstand, auf den er mit seinen Plänen zur Parlamentsstärkung stieß. Für Frankreich gingen die neuen Rechte des Europäischen Parlaments, die letztendlich im Maastrichter Vertrag standen, schon weit genug. Sie standen im Gegensatz zu Frankreichs Hang zu Intergouvernementalität und der Überzeugung, dass die nationalen Parlamente das Zentrum der demokratischen Legitimation sein sollten. Mitterrand fühlte sich aber verpflichtet der Stärkung des Parlaments zuzustimmen, als Ausgleich für Deutschlands Zustimmung zur Währungsunion.[387]

Bilanz

Sieht man sich den Inhalt des Maastrichter Vertrags vor dem Hintergrund der Erwartungen Deutschlands und Frankreichs an, so wird deutlich, dass sie viele ihrer Ziele, die sie in den gemeinsamen Initiativen aufgestellt hatten, erreichen konnten – Beispiele sind die Gemeinsame Außen- und Sicherheitspolitik, die Zusammenarbeit in der Innen- und Justizpolitik oder der Euro im Rahmen der WWU, auf die ich im nächsten Kapitel eingehen werde. Jedoch konnten nicht alle Vorstellungen verwirklicht werden.[388] Die Politische Union blieb unvollständig und stellte eine Mischung aus Intergouvernementalität und Föderalismus dar, was vor allem auch an der Uneinigkeit (nicht zuletzt zwischen

---

[387] Vgl. Müller-Brandeck-Bocquet 2004, S. 102f.
[388] Vgl. Woyke 2004, S 49f.

Deutschland und Frankreich) hinsichtlich der Integrationsmethode lag. So konnte man sich nicht auf die politische Finalität der Union verständigen. Helmut Kohl musste aus diesem Grund Abschied von seinem Ziel eines europäischen Bundesstaates nehmen. Mitterrands Ziel war vor allem die Verwirklichung der WWU. In den anderen Bereichen wollte er langsam und an der Intergouvernementalität orientiert vorgehen.[389]

Helmut Kohl zieht zwar ein sehr positives Fazit über die deutsch-französische Zusammenarbeit beim Zustandekommen des Maastrichter Vertrags, spricht von einem „engen Schulterschluss mit Frankreich" und betont: „Vor allem mit Frankreich waren wir uns in der Vision eines Europa einig, das nicht nur wirtschaftlich, sondern auch politisch zusammenwuchs".[390] Angesichts der unvollendeten politischen Union, Mitterrands Zurückhaltung in allen Bereichen außer der WWU und den unterschiedlichen Vorstellungen zur politischen Finalität der Union ist es allerdings zumindest fraglich, inwiefern hier wirklich von einem engen Schulterschluss die Rede sein kann. Oberflächlich betrachtet hatten Frankreich und Deutschland das gleiche Ziel, die politische Union parallel zur WWU zu verwirklichen. Über die Art und Weise der Ausgestaltung einer politischen Union und die Frage in welchem Tempo Integrationsfortschritte erzielt werden sollten, herrschte jedoch Uneinigkeit.

Die innerfranzösische Diskussion über den Maastrichter Vertrag zeigt übrigens, dass man sich keineswegs einig darüber war, ob eine weitgehende wirtschaftliche und politische Integration in Europa überhaupt wünschenswert war. So gut das Verhältnis zwischen Kohl und Mitterrand bei ihren gemeinsamen Initiativen auch gewesen sein mag, in Frankreich wurde Deutschland vor allem als potentiell schädigend für Frankreichs zukünftigen Rang in einem neuen internationalen System angesehen. Die Gegner und die Befürworter des Maastrichter Vertrags in Frankreich argumentierten beide mit dieser deutschen Bedrohung um ihre Standpunkt zu begründen. Die Befürworter warnten vor einem Scheitern des Vertrags, da Deutschland sonst wieder seiner Neigung zu Expansion und Nationalismus verfallen würde, während die Gegner eine Hegemonie Deutschlands gerade durch den Maastrichter Vertrag befürchteten, vor allem durch Abgabe der Souveränität im Bereich der Wirtschafts- und Währungspolitik. Hier erwies sich Mitterrand als Freund der Deutschen und verbat sich eine solche Argumentation, die auf dem Argwohn

---

[389] Vgl. Müller-Brandeck-Bocquet 2004, S. 115ff.
[390] Kohl 2007, S. 386.

gegenüber Deutschland aufbaute und forderte mehr Achtung vor Deutschland und den Deutschen.[391]

Zur Stützung meiner These der Beschleunigung des Integrationsprozesses und somit auch des Zustandekommens des Maastrichter Vertrags durch die Wiedervereinigung finden sich bei der Betrachtung der Verhandlungen zur politischen Union keine zwingenden Argumente. Die Bereitschaft der westeuropäischen Staaten zur Integration wird durch die Unsicherheiten des politischen Umbruchs in Osteuropa und der Möglichkeit eines wiedervereinigten Gesamtdeutschlands gestärkt worden sein. Zugleich blieben jedoch Bedenken gegenüber einer politischen Union.[392] Dies zeigt deren Nichtvollendung im Maastrichter Vertrag.

Die Wirtschafts- und Währungsunion im Rahmen des Vertrags von Maastricht

Ein wichtiger Bestandteil des Maastrichter Vertrages sind die Bestimmungen zur Wirtschafts- und Währungsunion. Im Folgenden werde ich untersuchen, wie sich das deutsch-französische Verhältnis während der Verhandlungen zur Wirtschafts- und Währungsunion entwickelte. Dazu werde ich einleitend kurz die Vorgeschichte zur WWU darlegen. Anschließend folgen detailliertere Ausführungen zur Vorbereitungsphase und zu den Verhandlungen zur WWU, sowie abschließend die Betrachtung des Endergebnisses der Verhandlungen im Maastrichter Vertrag. Mit den genaueren Ausführungen setze ich im Jahr 1988, dem Jahr der Einsetzung des Delors-Ausschusses, an.

Als Grundlage für meine Ausführungen dienten mir die Bücher „Der Vertrag von Maastricht. Die Positionen Deutschlands und Frankreichs zur Europäischen Wirtschafts- und Währungsunion" von Jan Viebig und „Der Euro. Geburt – Erfolg – Zukunft" von Ottmar Issing. Des Weiteren habe ich mich auch in diesem Kapitel auf die Ausführungen von Wichard Woyke in „Deutsch-französische Beziehungen seit der Wiedervereinigung. Das Tandem fasst wieder Tritt" gestützt.

---

[391] Vgl. Woyke 2004, S. 50ff.
[392] Vgl. Müller-Härlin 2008, S. 329.

Vorgeschichte – Der Weg zur WWU

Bereits 1970 wurde versucht auf Grundlage des sogenannten Werner-Plans eine Wirtschafts- und Währungsunion zu erreichen. Dieser Plan war in drei Stufen, auf zehn Jahre angelegt, scheiterte aber aufgrund ungünstiger Umstände. Zu diesen gehörten der endgültige Zusammenbruch des Bretton-Woods-Festkurssystems, die unterschiedlichen Vorstellungen über grundsätzliche Fragen des Wechselkurssystems zwischen den europäischen Staaten und die fehlende Bereitschaft wirtschaftspolitische und institutionelle Voraussetzungen und währungspolitische Konvergenz parallel voranzutreiben.[393]

1979 wurde das Europäische Währungssystem (EWS) gegründet. Dies geschah vor allem dank des Einsatzes des französischen Präsidenten Valery Giscard d'Estaing und des deutschen Bundeskanzlers Helmut Schmidt. Durch diese Zusammenarbeit in der Wirtschaftspolitik wollte man vor allem die Stabilität der Währungen erhöhen. Darin war das EWS bis Anfang der 90er Jahre recht erfolgreich.[394] Dieses System war allerdings auf die stärkste Währung gegründet, also praktisch ein „DM-Block".[395] Die Konsequenz aus diesem System war, dass sich die anderen Länder nach der Geldpolitik der Deutschen Bundesbank richten mussten. Als die Bundesbank auf die zweite Ölpreiskrise im Jahre 1979 mit einer stabilitätsorientierten Geldpolitik reagierte, um einer Inflation entgegenzuwirken, hatte die anderen Länder nur die Möglichkeiten entweder der Geldpolitik der Bundesbank zu folgen oder, wenn sie nicht willens waren das zu tun oder dies nicht konnten, ihre eigene Währung abzuwerten.[396] Eine Konvergenz von Wirtschaft und Wirtschaftspolitik in den Staaten der EG, wie man sie eigentlich erreichen wollte, brachte das EWS jedoch nicht.[397]

Einen wichtigen Schritt in Richtung Wirtschafts- und Währungsunion machte Frankreich im Jahr 1983 durch eine Änderung seiner Wirtschaftspolitik. Von nun an schlug Frankreich in seiner Geldpolitik einen Stabilisierungskurs ein (auch „franc-fort"-Politik genannt). Auf eine direkte Wirtschaftslenkung wurde verzichtet und eine angebotsorientierte Politik betrieben. Man passte sich an die deutsche Stabilitätspolitik an und orientierte sich am Modell der Deutschen

---
[393] Vgl. Issing, Otmar: Der Euro. Geburt – Erfolg – Zukunft, München 2008, S. 4.
[394] Vgl. Woyke 2004, S. 101.
[395] Vgl. Issing 2008, S. 5.
[396] Vgl. ebd. S. 5f.
[397] Vgl. Woyke 2004, S. 101.

Bundesbank. Frankreich wollte damit seine internationale Wettbewerbsfähigkeit steigern und hatte auch schon eine spätere Wirtschafts- und Währungsunion im Auge. Mit seiner neuen Politik hatte Frankreich denn auch wichtige Voraussetzungen für eine WWU geschaffen.[398] Tatsächlich machte dieser Politikwechsel die spätere Verständigung mit Deutschland zur WWU erst möglich. Denn an den späteren Verhandlungen zur Schaffung einer Wirtschafts- und Währungsunion nahmen für Frankreich zwei Vertreter der Politik des „franc-fort" teil.[399]

Von einer Wirtschafts- und Währungsunion versprach man sich in Frankreich vor allem endlich die Existenz des DM-Blocks zu beenden und sich von der Bundesbank als quasi alleiniger Entscheidungsinstanz zu lösen. Außerdem wollte man Deutschland noch weiter politisch einbinden. Deutschland wollte vor allem das Bestehen des gemeinsamen Binnenmarktes auf lange Sicht und sein geostrategisches und wirtschaftliches Umfeld sichern. Ziel war es eine europäische Stabilitätszone zu errichten. Man hoffte ebenfalls ein Gleichgewicht zum US-Dollar schaffen zu können. Die Vorstellungen über den Aufbau einer Wirtschafts- und Währungsunion gingen auseinander. In Frankreich wollte man zusammen mit der Europäischen Zentralbank (EZB) auch eine Wirtschaftsregierung einrichten, die die Unabhängigkeit der EZB ausgleichen sollte. Dagegen wollte Deutschland die völlige Unabhängigkeit der EZB sichergestellt sehen und keine zusätzliche Wirtschaftsregierung. Auf der Auseinandersetzung über diesen Punkt wird nachfolgend noch näher eingegangen.[400]

Beginn der Vorbereitungen zur WWU

Im Juni 1988 setzte der Europäische Rat eine Arbeitsgruppe ein, die Vorschläge für eine Währungsunion ausarbeiten sollte. Eine Denkschrift des deutschen Außenministers Genscher hatte den Anstoß gegeben. Die Arbeitsgruppe wurde auch, nach ihrem Vorsitzenden Jaques Delors, „Delors-Ausschuss" genannt. Im April 1989 lag dann der abschließende Bericht der Arbeitsgruppe vor. Im sogenannten Delors-Bericht wurde ein dreistufiger Zeitplan zum Erreichen der Wirtschafts- und Währungsunion vorgeschlagen. In dem Plan wurde folgender Ablauf beschrieben. In der ersten Stufe sollte die verstärkte Konvergenz

---
[398] Vgl. ebd. S. 101f.
[399] Vgl. Viebig 1999, S. 128.
[400] Vgl. Woyke 2004, S. 102f.

zwischen den Volkswirtschaften der EG-Staaten erreicht werden.[401] Außerdem sollten alle Beschränkungen des Kapitalverkehres zwischen den EG-Staaten beseitigt werden. Die zweite Stufe sollte am 1. Januar 1994 beginnen und dann das Europäische Wirtschaftsinstitut gegründet werden. Zuletzt sollten am 1. Januar 1999 die geldpolitischen Kompetenzen auf die Europäische Zentralbank übertragen werden.[402]

Im Juni 1989 nahm der Europäische Rat den Delors-Bericht als gute Grundlage an und entschied in die erste Stufe am 1. Juli 1990 einzutreten.[403] Außerdem wurde entschieden in absehbarer Zeit eine Regierungskonferenz zur WWU einzusetzen.[404] Frankreichs Präsident Mitterrand hatte selbst sehr auf die Einberufung der Regierungskonferenz zu diesem Datum gedrängt. Kanzler Kohl hatte hingegen einen Termin Anfang 1991 ins Auge gefasst.[405] Er ließ sich auf dem EG-Gipfel im Dezember 1989 dann aber doch umstimmen. Wie bereits im Kapitel zur deutschen Wiedervereinigung erwähnt, konnte Kohl, der während des Wiedervereinigungsprozesses unter starkem internationalen Druck stand, seinen Widerstand in dieser Frage wohl nicht aufrecht erhalten.[406] Für Mitterrand war dies der Test, ob Deutschland noch zu seinem Engagement in Europa stand.[407]

Im Zuge der Umbruchphase in Osteuropa 1989/90 und nach der Maueröffnung kam nun auch die Frage, welche Stellung die DDR zukünftig in der Gemeinschaft einnehmen sollte, auf den Tisch. Die Staats- und Regierungschefs entschieden letztendlich im April 1990 die DDR, durch die Vereinigung Deutschlands, in die EG einzugliedern. Im selben Monat richteten Mitterand und Kohl eine Botschaft an die Mitgliedstaaten in der sie für eine forcierte Integration und die Einsetzung zwei parallel arbeitender Regierungskonferenzen plädierten – eine zur Vorbereitung der Wirtschafts- und Währungsunion, eine für das Ausarbeiten eines Plans zur politischen Union. Mitterrand gab die stärksten Impulse in Richtung der WWU, da im Rahmen dieser Deutschland noch stärker in Europa eingebunden werden sollte. Frankreich wollte außerdem seinen Anspruch eine Welt- und Atommacht zu sein untermauern. Im Juni 1990 legte der Europäische Rat schließlich die Starttermine für die

---

[401] Vgl. ebd. S. 104.
[402] Vgl. Issing 2008, S. 9.
[403] Vgl. Viebig 1999, S. 111.
[404] Vgl. Woyke 2004, S. 104.
[405] Vgl. Viebig 1999, S. 113.
[406] Vgl. Kessler 2010, S. 153.
[407] Vgl. Woyke 2004, S. 105.

Regierungskonferenzen für Dezember desselben Jahres fest.[408] Kohl bezeichnet dies als „das Startsignal für eine Entwicklung [...], die zum Vertrag von Maastricht und damit zur Schaffung der Europäischen Union führte, wie wir sie heute kennen".[409]

Die Verhandlungen zur WWU

Auf der Regierungskonferenz zur Wirtschafts- und Währungsunion mussten folgende wichtige Punkte geklärt werden. Inwieweit sollte die Wirtschaftspolitik von der Gemeinschaftsebene aus gesteuert werden? Welche ordnungspolitischen Grundsätze sollten im Vertrag stehen? Wie sollte das Verhältnis zwischen dem Europäischen System der Zentralbanken (ESZB) und den EG-Organen gestaltet werden? Die Bestimmungen zur Haushaltsdisziplin, mögliche Sanktionen und der no-bail-out-Grundsatz (die Mitgliedstaaten sind für ihre Schulden eigenverantwortlich) mussten ausgearbeitet werden. Außerdem mussten auch Kriterien für den Übergang zur letzten Stufe der WWU und der Ablauf dieser Übergangsphase geklärt werden. Schließlich galt es bezüglich der äußeren Währungspolitik die Zuständigkeiten zwischen dem Rat und dem ESZB festzulegen.[410] Die Gespräche im Rahmen der Regierungskonferenz befassten sich letzten Endes vor allem mit den Vertragsvorschlägen von Deutschland und Frankreich. Im Großen stimmte man zwar darin überein, dass eine Wirtschafts- und Währungsunion geschaffen werde sollte und dies auf Grundlage des Delors-Berichts geschehen sollte. Bei den genaueren inhaltlichen Fragen hatten Deutschland und Frankreich ab teils sehr unterschiedliche Vorstellungen.[411]

Frankreichs Vorstellung

Mit der Endstufe sollte die Wirtschafts- und Währungsunion eine gemeinsame Währung (zunächst noch keine Einheitswährung!) eingeführt und eine Europäische Zentralbank haben. Dazu sollte zunächst ein Investitionsfonds eingerichtet werden, um die EWS-Währungen zu stabilisieren und Spekulationen im Fall von Attacken auf einzelne Währungen des EWS-Verbunds abzuwehren. Die gemeinsame Währung sollte auch für den europäischen Außenhandel eingesetzt werden. Erst nachdem sich dieses Vorgehen bewährt hatte, sollte man sich damit befassen, die gemeinsame

---
[408] Vgl. Viebig 1999, S. 113ff.
[409] Kohl 2007, S. 153.
[410] Vgl. Viebig 1999, S. 226.
[411] Vgl. ebd., S. 225ff.

Währung zu einer Einheitswährung zusammenzuführen. Die zweite Stufe der WWU sollte, von möglichen Vorbedingungen unabhängig, 1994 beginnen. Auf dieser Stufe würde bereits das Europäische Zentralbanksystem installiert werden. Den Beginn der dritten Stufe wollte Frankreich nicht unverhältnismäßig lange aufschieben. Neben der Europäischen Zentralbank sollte zusätzlich eine politische Institution mit wirtschaftspolitischen Befugnissen geschaffen werden. Damit wollte man die Unabhängigkeit der EZB einschränken. Die parallel zur WWU zu verwirklichende politische Union sollte ebenfalls diesem Zweck dienen. In Frankreich dachte man dabei an eine Art „Wirtschaftsregierung", die sich auf den Ministerrat und den Europäischen Rat stützten würde.[412] Über die äußere Währungspolitik sollte der Rat entscheiden, nachdem er den Rat der Europäischen Zentralbank konsultiert hatte und dann der Europäischen Zentralbank Leitlinien vorgeben. Die Wirtschaftspolitik sollte möglichst zentralistisch auf der Gemeinschaftsebene geregelt werden, wobei der Rat Richtlinien für die Mitgliedsstaaten vorgeben sollte, an die diese sich zu halten hätten.[413]

Deutschlands Vorstellung

In zentralen Punkten widersprach der deutsche Entwurf zur WWU den französischen Vorstellungen. Der deutsche Entwurf zur WWU war insgesamt zeitlich offener angelegt als der Frankreichs. Der Übergang zur zweiten Stufe der WWU sollte durch klare Bedingungen geregelt sein. Die Europäische Zentralbank sollte nicht schon mit Beginn der zweiten Stufe, sondern erst im Zuge der dritten Stufe eingesetzt werden. Für den Übergang zur dritten Stufe forderte Deutschland klar definierte Konvergenzkriterien, die zunächst einmal erfüllt sein mussten. Außerdem sollte über den Beginn dieser Stufe einstimmig entschieden werden.[414]

Darüber hinaus sollte der Rat in Fragen der Wechselkurspolitik im Einvernehmen mit der EZB entscheiden, nicht nur nach Konsultation dieser. Frankreich und Deutschland sprachen beide von einer weisungsunabhängigen EZB, stellten sich aber offensichtlich nicht das gleiche darunter vor. Während Frankreich der EZB eine Wirtschaftsregierung zur Seite stellen wollte, orientierte sich Deutschland an den Vorstellungen der Deutschen Bundesbank. In der Wirtschaftspolitik pochte Deutschland auf das Subsidiaritätsprinzip und

---

[412] Vgl. Woyke 2004, S. 105f.
[413] Vgl. Viebig 1999, S. 227f.
[414] Vgl. Woyke 2004, S. 107.

war damit gegen das zentralistische Modell, das Frankreich vorschwebte.[415] Von den wirtschaftspolitischen Zielen war für Deutschland die Preisstabilität vorrangig. Die große Bedeutung, die Deutschland der Inflationsbekämpfung und der Geldwertstabilität zumaß, erklärt sich aus der deutschen Geschichte, in der es zweimal (20er und 40er Jahre) zu einer Hyperinflation kam. Auch die Einhaltung der Haushaltsdisziplin wollte Deutschland gesichert sehen und dahingehende genaue Vorgaben durchsetzen. Hier sollten die Defizite der öffentlichen Haushalte die Höhe der öffentlichen Investitionen nicht übersteigen (deutsche Regel), wobei bei Nichteinhaltung die Verhängung von Sanktionen seitens der Gemeinschaft möglich sein sollte.[416] Nicht zuletzt war auch die marktwirtschaftliche Ausrichtung der Wirtschaftsunion für die deutsche Seite besonders wichtig.[417] Auch politisch hoffte man, durch ein Ende der Leitwährungsrolle der DM entlastet zu werden, da diese oft zu Spannungen geführt hatte.[418]

Fazit

Die französische und die deutsche Vorstellung von einer Währungsunion waren also in wesentlichen Bereichen entgegengesetzt. Man war sich lediglich einig über das Ziel eine Wirtschafts- und Währungsunion zu schaffen. Ein wichtiger Grund für diese Unterschiede waren die unterschiedlichen geldpolitischen Traditionen Deutschlands und Frankreichs. Die Deutschen hatten das Modell der Bundesbank vor Augen und wollten dementsprechend eine Europäische Zentralbank, die weisungsunabhängig sein und als vorrangiges Ziel die Preisstabilität haben sollte. Das französische Gegenstück zur Deutschen Bundesbank, die Banque de France, war nicht von der französischen Regierung unabhängig und so wollte Frankreich eine Wirtschaftsregierung auf der Gemeinschaftsebene an der Seite der EZB sehen.[419] Da die Integration in der Wirtschafts- und Währungspolitik für Deutschland die wohl schärfste Zäsur bedeutete, war man auf deutscher Seite nicht bereit von bestimmten grundlegenden Prinzipien abzuweichen. Darum standen die Grundsätze der klaren Stabilitätsorientierung, die Weisungsunabhängigkeit der EZB und das Erreichen wirtschaftlicher Konvergenz nicht zur Diskussion.[420] Die Wirtschafts-

---

[415] Vgl. Viebig 1999, S. 227f.
[416] Vgl. Woyke 2004, S. 107.
[417] Vgl. Viebig 1999, S. 228.
[418] Vgl. Kessler 2010, S. 154.
[419] Vgl. Viebig 1999, S. 117f.
[420] Vgl. Kessler 2010, S. 154.

und Währungsunion bedeutete für Deutschland vor allem auch wegen der damit verbundenen Aufgabe der Deutschen Mark einen starken Einschnitt. Die Währung und die Notenbank genossen bei den Deutschen ein beispiellos hohes Ansehen. Im Laufe der deutschen Währungsgeschichte im 20. Jahrhundert (Hyperinflation in den 20er und 40er Jahren) hatten die Deutschen eine stabile Währung schätzen gelernt.[421] Die Deutsche Mark stand für „wirtschaftliche Stärke und Stabilität, für einen bestimmten Lebensstandard und soziale Sicherheit".[422] Des Weiteren fungierte sie als eine Art Ersatz für eine Flagge oder andere nationale Symbole. Durch die Wiedervereinigung lebte die Sonderstellung der Deutschen Mark in den Köpfen der Deutschen noch einmal auf. „Wenn die DM nicht zu uns kommt, kommen wir zur DM" stand auf Transparenten demonstrierender DDR-Bürger.[423]

Die Regelungen zur WWU im Maastrichter Vertrag

Die Vorstellungen über die inhaltliche Ausgestaltung der Wirtschafts- und Währungsunion gingen, wie gezeigt, weit auseinander. Im Folgenden werde ich das Endergebnis im Maastrichter Vertrag untersuchen und dabei prüfen wer letztlich welche Forderungen durchsetzen konnte.

Die Währungsunion

Der Maastrichter Vertrag enthielt „den Zeitplan, die Teilnahme- und Arbeitsbedingungen der Währungsunion".[424] Darin wurde festgelegt, dass die zweite Stufe am 1. Januar 1994 beginnen sollte. Zu diesem Zeitpunkt sollte auch das Europäische Währungsinstitut (EWI) anfangen zu arbeiten. Seine Aufgabe war es die Währungsunion vorzubereiten. Die nationalen Banken behielten auf dieser Stufe aber noch die Verantwortung für die Geldpolitik. Ein weiterer wichtiger Punkt wurde festgeschrieben: Die potentiellen Mitgliedsstaaten der Währungsunion mussten ihre Zentralbanken unabhängig machen, sollte dies nicht schon der Fall sein. Auf diese Weise würde die EZB funktionell und personell unabhängig sein.[425]

Der Starttermin der dritten Stufe sollte frühestens der 1. Januar 1997 sein. Sollte zu diesem Zeitpunkt nicht eine Mehrheit der Mitgliedsstaaten die festgelegten

---
[421] Vgl. Issing 2008, S. 18f.
[422] Kessler 2010, S. 155.
[423] Vgl. Issing 2008, S. 19.
[424] Woyke 2004, S. 108.
[425] Vgl. ebd., S. 108f.

Kriterien erfüllen, würde die dritte Stufe automatisch am 1. Januar 1999 beginnen.[426] Die abschließende Entscheidung über den Beginn sollte dem Rat obliegen.[427]

Die zentrale Institution der Währungsunion ist das Europäische System der Zentralbanken. Es setzt sich aus der Europäischen Zentralbank und den nationalen Zentralbanken zusammen. Das ESZB arbeitet „ohne das Einholen oder Entgegennehmen von Weisungen von Organisationen oder Einrichtungen der Gemeinschaft, Regierungen der Mitgliedsstaaten oder anderen Stellen".[428] Zu seinen Aufgaben gehört es zuvorderst die Preisstabilität zu gewährleisten. Des Weiteren legt das ESZB die Geldpolitik der Gemeinschaft fest und führt sie aus, führt die Devisengeschäfte durch, verwaltet die offiziellen Währungsreserven und fördert das reibungslose Funktionieren der Zahlungssysteme. Das oberste Ziel der Europäischen Zentralbank ist es die Geldwertstabilität sicherzustellen. Als Voraussetzung für die Mitgliedschaft in der WWU wurden im Maastrichter Vertrag außerdem bestimmte Konvergenzkriterien festgeschrieben. Kurz und knapp lässt sich sagen, dass im Rahmen der Währungsunion zentrale Souveränitätsbereiche der Mitgliedsstaaten der EG auf die Gemeinschaftsebene übergingen.[429]

Die Wirtschaftsunion

Die Integration in der Wirtschaftspolitik geht bei weitem nicht so weit wie in Währungspolitik. Die Wirtschaftspolitik wird im Rat koordiniert und als „Angelegenheit von gemeinsamem Interesse" behandelt. Auch gibt es Haushaltdefizitregelungen in deren Rahmen die Kommission die Haushaltsdisziplin der Mitgliedsstaaten überwacht und Sanktionen verhängen kann.[430] Letztlich ist aber der Begriff Wirtschafts- und Währungsunion nicht zutreffend, da die Kompetenzen im Bereich der Wirtschafts- und Finanzpolitik bei den Mitgliedsstaaten verbleiben.[431]

Bilanz

Vergleicht man die Festlegungen zur WWU im Maastrichter Vertrag mit den Forderungen die Frankreich und Deutschland in der Verhandlungen vorab

---

[426] Vgl. Kessler 2010, S. 154.
[427] Vgl. Woyke 2004, S. 108.
[428] Ebd., S. 108f.
[429] Vgl. ebd., S. 108ff.
[430] Vgl. ebd., S. 110f.
[431] Vgl. Kessler 2010, S. 156.

gestellt hatten, so zeigt sich ganz deutlich, dass die Deutschen sich weitgehend durchsetzen konnten. Die EZB nahm ihre Arbeit erst mit Beginn der dritten Stufe auf, sie ist der Geldwertstabilität verpflichtet und vor allem unabhängig. Dabei gehen die Bestimmungen zur Unabhängigkeit der EZB sogar noch über die der Deutschen Bundesbank hinaus.[432] Auch wurden Kriterien in den Vertrag aufgenommen, die als Voraussetzung für die Mitgliedschaft in der WWU erst erfüllt sein müssen. Dies alles waren deutsche Forderungen, die sich auch im Vertrag niedergeschlagen haben. Die Frage ist, wieso Frankreich letztlich so von seinen ursprünglichen Vorstellungen abgewichen ist. Dass man zu solchen Zugeständnissen bereit war, erklärt sich aus der Wichtigkeit, die das Zustandekommen einer Wirtschafts- und Währungsunion für das Land hatte. Frankreich wollte durch die Errichtung einer EZB den Einfluss Deutschlands auf die europäische Geld- und Währungspolitik einschränken. Von jeher war man mit der Führungsrolle der Deutschen Bundesbank unzufrieden gewesen. Dieses Ziel, das man im Rahmen der Wirtschafts- und Währungsunion erreichen wollte, war für Frankreich so vorrangig, dass man um eine Einigung mit Deutschland möglich zu machen, große Zugeständnisse machte. Das ESZB-Statut wurde vom Ausschuss der Zentralbankpräsidenten ausgearbeitet. Dies geschah unter der Leitung des Präsidenten der Deutschen Bundesbank und entsprechend war das ESZB-Statut eng an das deutsche Bundesbankgesetz angelehnt.[433]

„Die Übertragung von (geld-)politischen Kompetenzen von einer demokratisch legitimierten Regierung an eine unabhängige Behörde ist mit dem republikanischen Politikverständnis Frankreichs nur schwer vereinbar".[434] Dies stellt einen Bruch mit einer fast 200jährigen Tradition dar, in der die Banque de France fast immer vom Willen der Regierung Frankreichs abhängig war.[435] Dass man auf französischer Seite zu diesem Schritt bereit war, zeigt wie wichtig die WWU für Frankreich war.

Doch auch Deutschland war bereit Opfer zu bringen. Ursprünglich hatte man noch ein Gleichgewicht zwischen einer wirtschaftlichen und einer politischen Union zu erreichen versucht. Davon ließ man jedoch am Ende ab.[436]

---

[432] Vgl. Woyke 2004, S. 109.
[433] Vgl. Viebig 1999, S. 513.
[434] Ebd., S. 513.
[435] Vgl. ebd., S. 513.
[436] Vgl. Kessler 2010, S. 155.

Der Ausdruck Wirtschafts- und Währungsunion trifft genaugenommen nicht zu, denn die wirtschaftspolitische Integration blieb hinter jener in der Währungspolitik weit zurück.

Das deutsch-französische Verhältnis während der Verhandlungen zur WWU war also durch diverse Konflikte gekennzeichnet. Am Ende kam man jedoch zu einer Lösung, da vor allem Frankreich dem Ziel überhaupt eine WWU zustande zu bringen (so sollte der Einfluss der ungeliebten Deutschen Bundesbank eingegrenzt werden), Priorität einräumte und darum zu weitgehenden Zugeständnissen bereit war. Oft wird in diesem Zusammenhang auch von einem Tauschhandel gesprochen. Da Deutschland bereit war den hohen Preis der Aufgabe der DM zu entrichten, stimmten die anderen Regierungen einer Währungspolitik nach deutschem Entwurf zu.[437]

Die Konflikte, die es bei den Verhandlungen zur WWU zwischen Frankreich und Deutschland bezüglich der Aufgaben der EZB gab, kamen auch später bei der Umsetzung der im Maastrichter Vertrag festgelegten Bestimmungen zur WWU immer wieder auf.[438]

An den Verhandlungen zur WWU lässt sich die Beschleunigung der Integration durch die deutsche Wiedervereinigung gut nachvollziehen. Mitterrand drängte auf eine Einberufung der Regierungskonferenz zur WWU.[439] Aus innenpolitischen Gründen versuchte Kohl aber den Termin hinauszuzögern, was Mitterrand missfiel.[440] Die Regierungskonferenz zur WWU sollte, wenn es nach Kohl gegangen wäre, erst Anfang 1991 eingesetzt werden.[441] Je näher jedoch eine mögliche deutsche Einheit rückte, umso mehr wuchs der Druck auf Helmut Kohl seitens Mitterands, weitere Integrationsschritte zu unternehmen. Mit einer Zustimmung konnte Kohl Deutschlands Willen zur europäischen Integration unter Beweis stellen. Beim Treffen des Europäischen Rates im Dezember 1989 stimmte er schließlich auch einem früheren Termin für den Beginn der Regierungskonferenz, noch vor dem Ende des Jahres 1990, zu.[442] Auf diese

---

[437] Vgl. Müller-Härlin 2008, S. 330.
[438] Vgl. Woyke 2004, S. 119.
[439] Vgl. ebd., S. 105.
[440] Vgl. Kessler 2010, S. 134.
[441] Vgl. Viebig 1999, S. 113.
[442] Vgl. Kessler 2010, S. 134.

Weise konnte Kohl auch die Ängste der anderen Staaten vor einem Alleingang und einer Dominanz Deutschlands abschwächen.[443]

Die oft im Zusammenhang mit der WWU geäußerte Behauptung, die Aufgabe der DM sei der Preis für die deutsche Wiedervereinigung gewesen, ist übrigens nicht korrekt. Wie bereits gezeigt, wurde schon im Juni 1989 der Delors-Plan vom Europäischen Rat als Grundlage für die WWU akzeptiert.[444] Diese Entscheidung wurde also, von allen EG-Staaten einschließlich Deutschland, deutlich *vor* der Wiedervereinigung, sogar noch vor dem Mauerfall getroffen.

Schluss

Rückblickend kann man die deutsch-französischen Beziehungen Ende 1989 bzw. Anfang der 1990er Jahre bis zur Unterzeichnung des Vertrags von Maastricht als wechselhaft bezeichnen. Es gab Phasen guter Zusammenarbeit ebenso wie kritische Abschnitte. So war das Verhältnis Deutschlands zu Frankreich genauso wie zu den meisten anderen EG-Staaten seit dem Mauerfall gespannt. Die Spannungen verschärften sich in dem Maße wie sich die Ereignisse in der DDR zunehmend beschleunigten und die deutsche Wiedervereinigung in greifbare Nähe zu rücken schien. Auch die Beziehung zwischen den eigentlich freundschaftlich verbundenen Staats- und Regierungschefs Helmut Kohl und François Mitterrand war belastet. Kohl war über die mangelnde Unterstützung seines Freundes Mitterrand enttäuscht, während vor allem Kohls Haltung in der Oder-Neiße-Grenzfrage und sein Alleingang mit dem Zehn-Punkte-Programm bei Mitterrand für Irritationen sorgte. Anfang 1990 suchte Kohl Mitterrand schließlich in Frankreich auf und es gelang die Beziehungen zu verbessern. Bis zur abschließenden Klärung der Frage der Oder-Neiße-Grenze im Zwei-Plus-Vier-Vertrag blieb jedoch die Meinungsverschiedenheit in diesem Punkt bestehen. Zumindest war aber ein gutes Verhältnis insoweit wiederhergestellt, dass beide Staatsmänner im April desselben Jahres eine gemeinsame Initiative zur weiteren europäischen Integration starteten, indem sie zur Verwirklichung einer politischen Union parallel zur Wirtschafts- und Währungsunion aufriefen. Weitere gemeinsame Initiativen sollten folgen. Unter der scheinbaren Einhelligkeit, die die gemeinsamen Initiativen vermuten ließen, offenbarte sich jedoch ein Dissens bezüglich der weiteren Integrationsmethode und den gesetzten Prioritäten. Kohl

---

[443] Vgl. Woyke 2004, S. 104f.
[444] Vgl. Viebig 1999, S. 111.

arbeitete, mit Forderungen wie der nach der Stärkung des Europäischen Parlaments, eher auf eine Union mit föderalistischem Charakter hin, während Mitterrand weiter am Prinzip der Intergouvernementalität festhalten wollte. Auch hatte für Mitterrand die Realisierung der WWU klar Vorrang, während Kohl WWU und politische Union gleichzeitig voranbringen wollte. Am Ende mussten beide Abstriche von ihren Vorstellungen machen. Dies zeigt sich daran, dass die politische Union unvollständig blieb und verschiedene Integrationsmethoden beinhaltete, da man sich nicht auf deren politische Finalität einigen konnte. Auch was die WWU anbetrifft, waren Deutschland und Frankreich sich nicht einig. Die deutschen Vorstellungen setzten sich aber weitgehend durch, da Frankreich lieber Zugeständnisse machte, als das Gelingen der WWU insgesamt aufs Spiel zu setzen. Schließlich wollte man sich mit der WWU endlich vom Primat der Deutschen Bundesbank befreien. Natürlich dürfte die Verfolgung der eigenen (nationalen) Interessen der Hauptgrund für das Vorantreiben der europäischen Integration und die Bereitschaft Zugeständnisse zu machen, gewesen sein. Doch die freundschaftliche Beziehung zwischen Mitterrand und Kohl trug mit Sicherheit auch ihren Teil dazu bei, dass beide bei ihren Vorstößen zur europäischen Integration gemeinsam vorgingen und auch bei Meinungsverschiedenheiten letztlich meist ein Kompromiss gefunden werden konnte. Genauso hatte diese Freundschaft sicher auch die Ausweitung der Spannungen im deutschen Wiedervereinigungsprozess zu einer echten Krise in den deutsch-französischen Beziehungen verhindert. Als Beleg für die Freundschaft und den gegenseitigen Respekt die beide verbanden, lassen sich Aussagen beider heranziehen. So spricht Kohl von einer „langjährigen Freundschaft, die über ein Zweckbündnis zweier Regierungschefs weit hinausging".[445] Auch Mitterrand war „für seinen [Kohls, d. Verf.] etwas rauhen Menschenverstand empfänglich, [...] beeindruckt von seiner Menschenkenntnis und von seiner Fähigkeit, Schläge einzustecken, [...] auch von seiner Intelligenz [...]".[446]

Meine eingangs aufgestellte These, die Wiedervereinigung habe den europäischen Integrationsprozess beschleunigt, sehe ich bestätigt. Die Aussicht auf ein großes Gesamtdeutschland hat vor allem Frankreich dazu gebracht, seine Bemühungen Deutschland in Europa einzubinden, zu intensivieren. Mitterrand forcierte also weitere Integrationsschritte, vor allem zur WWU. „[...] Frankreich

---

[445] Kohl 2005, S. 36.
[446] Mitterrand 1996, S. 121.

[antwortet] erfahrungsgemäß auf Änderungen des politischen Bezugsfelds Deutschlands mit Initiativen in der europäischen Integration"[447], bemerkte in diesem Zusammenhang der Direktor des EG-Währungsausschusses Andreas Kees. Auf deutscher Seite stand Helmut Kohl unter Druck weiteren Integrationsschritten zuzustimmen. Grundsätzlich war er ohnehin für die europäische Integration, sah sich aber wohl gezwungen aufgrund der Entwicklungen in Deutschland schneller vorzugehen als ursprünglich geplant. Dies zeigt sich am deutlichsten beim Treffen des Europäischen Rats im Dezember 1989, bei dem Kohl einer Einsetzung der Regierungskonferenz zur WWU noch vor Ende 1990 zustimmte, obwohl er dazu vorher nicht bereit war. Auf diese Weise konnten aber nun Frankreich und auch die anderen EG-Staaten etwas besänftigt werden, die der Gedanke an die Wiedervereinigung Deutschlands nicht begeisterte. Auch durch die gemeinsamen Initiativen mit Mitterrand konnte Kohl Deutschlands Zugehörigkeitswillen zu Europa unter Beweis stellen. Diese gemeinsamen deutsch-französischen Vorschläge werden ebenfalls die Integration beschleunigt haben. Zumindest wäre sie ohne eine Verständigung zwischen Deutschland und Frankreich nicht möglich gewesen. Die Integration schritt nicht auf allen Gebieten gleichweit voran. In der Wirtschaftsunion blieb die Integration geringer als in der Währungsunion und die politische Union blieb unvollständig. Im Ganzen aber, das lässt sich aus meiner Untersuchung der Ereignisse rund um die Wiedervereinigung und den Maastrichter Vertrag ableiten, hat die deutsche Wiedervereinigung beschleunigend auf die europäische Integration gewirkt.

Helmut Kohl und François Mitterrand waren beide überzeugte Anhänger der europäischen Idee. Wenn sie auch in vielen Ansichten nicht übereinstimmten, so waren doch beide der Überzeugung, dass in einem vereinten Europa die Zukunft lag. Helmut Kohl ist überzeugt: „Die europäische Idee entstand aus dem Bewusstsein der gemeinsamen geistigen Ursprünge unserer Völker – und sie schließt zuallererst unsere gemeinsamen Werte ein. Die einende Kraft dieses kulturellen Erbes, gegenseitigen Verständnisses und Vertrauens kann sich am besten in einem Europa offener Grenzen entfalten."[448] In der deutsch-französischen Freundschaft sieht er den Ausgangspunkt, das Fundament, ohne das kein vereintes Europa möglich wäre. „Ohne die deutsch-französische Freundschaft hätte das Werk der Einigung Europas nicht begonnen werden

---

[447] Zitiert nach Viebig 1999, S. 114.
[448] Kohl 2007, S. 332.

können [...]".[449] In die gleiche Richtung weisen auch Mitterands Gedanken: „Ich träume von der Vorherbestimmung Deutschlands und Frankreichs, daß sie durch die geographische Lage und ihre Rivalität dazu auserwählt sind, das Signal für Europa zu geben".[450] Wenn man so will hat sich dieser Traum Mitterrands im Zuge der deutschen Einheit erfüllt. Die deutsch-französischen Beziehungen waren beim Wiedervereinigungsprozess zwar zunächst gestört. Am Ende fanden sich Kohl und Mitterrand jedoch wieder zusammen und starteten ihre Initiativen zur europäischen Integration und gaben so im wahrsten Sinne des Wortes „das Signal für Europa", was letzten Endes zur Gründung der Europäischen Union führte.

---

[449] Ebd., S. 332.
[450] Mitterrand 1996, S. 113.

Literaturverzeichnis

Busse, Nikolas: Vorläufige Beruhigung ohne Sinnkrise, in: Frankfurter Allgemeine Zeitung (2010), Nr. 251, S. 2.

Grünhage, Jan: Entscheidungsprozesse in der Europapolitik Deutschlands. Von Konrad Adenauer bis Gerhard Schröder, Baden-Baden 2007.

Guérin-Sendelbach, Valerie u.a.: Fragen zu Europa, in: Centre d'Information et de Recherche sur l'Allemagne Contemporaine (CIRAC) u.a. (Hrsg.): Handeln für Europa. Deutsch-französische Zusammenarbeit in einer veränderten Welt, Paris u.a. 1995, S. 8 – 26.

Issing, Otmar: Der Euro. Geburt – Erfolg – Zukunft, München 2008.

Kessler, Ulrike: Deutsche Europapolitik unter Helmut Kohl, in: Müller-Brandeck-Bocquet, Gisela u.a.: Deutsche Europapolitik. Von Adenauer bis Merkel, Wiesbaden, 2. Aufl. 2010, S. 119 – 172.

Krell, Christian: Sozialdemokratie und Europa. Die Europapolitik von SPD, Labour Party und Parti Socialiste, Wiesbaden 2007.

Kohl, Helmut: Erinnerungen. 1990 - 1994, München 2007.

Kohl, Helmut: Erinnerungen. 1982 - 1990, München 2005.

Mahler, Armin u.a.: Die unendliche Krise, in: Der Spiegel Nr. 47 (2010), S. 30 – 36.

Mitterrand, François: Über Deutschland, Frankfurt am Main, Leipzig 1996.

Müller, Dirk: "In Prag ist der erste Stein aus der Mauer gebrochen". Rudolf Seiters blickt auf den Einigungsprozess vor 20 Jahren zurück. Rudolf Seiters im Gespräch mit Dirk Müller (28.09.2010), URL: http://www.dradio.de/dlf/sendungen/interview_dlf/1282989/ (Stand: 04.01.2011).

Müller-Brandeck-Bocquet, Gisela: Frankreichs Europapolitik. Frankreich-Studien Band 9, Wiesbaden 2004.

Müller-Härlin, Maximilian: Nation und Europa in Parlamentsdebatten zur Europäischen Integration. Identifikationsmuster in Deutschland, Frankreich und Großbritannien nach 1950. Nomos Universitätsschriften Geschichte Band 17, Baden-Baden 2008.

Picht, Robert: Deutsch-französische Beziehungen nach dem Fall der Mauer, in: Picht, Robert/Wessels, Wolfgang (Hrsg.): Motor für Europa?. Deutsch-französischer Bilateralismus und europäische Integration. Le couple franco-allemand et l'intégration européenne, Europäische Schriften des Instituts für Europäische Politik Band 68, Bonn 1990, S. 47 – 68.

Picht, Robert/Uterwedde, Hendrik/Wessels, Wolfgang: Deutsch-französischer Bilateralismus als Motor der europäischen Integration: Mythos oder Realität? in: Picht, Robert/Wessels, Wolfgang (Hrsg.): Motor für Europa?. Deutsch-französischer Bilateralismus und europäische Integration. Le couple franco-allemand et l'intégration européenne, Europäische Schriften des Instituts für Europäische Politik Band 68, Bonn 1990, S. 17 – 31.

Viebig, Jan: Der Vertrag von Maastricht. Die Positionen Deutschlands und Frankreichs zur Europäischen Wirtschafts- und Währungsunion, Stuttgart 1999.

Wiegrefe, Klaus: Allein gegen alle, in: Der Spiegel Nr. 39 (2010), S. 39 – 52.

Woyke, Wichard: Deutsch-französische Beziehungen seit der Wiedervereinigung. Das Tandem fasst wieder Tritt, Wiesbaden, 2.Aufl. 2004.

Das deutsch-französische Jugendwerk.
Chancen und Grenzen als Vermittler im europäischen Einigungsprozess

Von Carolin Behrens, 2005

Einleitung

In der Mitte unseres Kontinents gedeiht der Keim eines vereinten Europas – die langjährige Zusammenarbeit von Frankreich und Deutschland ermöglicht uns heute grenzenfreies Reisen und problemloses Einkaufen in den Ländern der Europäischen Union. Vor einigen Jahrzehnten noch eine unvorstellbare Utopie angesichts der gnadenlosen Kriege zwischen den Nachbarn, die Europa jahrelang erschütterten und zerrütteten.

Und doch begegnen sich heute deutsche und französische Jugendliche mit Neugierde und Interesse, statt mit Hass und Abscheu wie noch unsere Großväter. Dies ist ohne Zweifel auch der Verdienst einer Organisation, die sich den friedlichen Austausch der Jugend zur Aufgabe gemacht hat: Das Deutsch-Französische Jugendwerk.

In dieser Hausarbeit zum Thema „Das Deutsch-Französische Jugendwerk – Chancen und Grenzen als Vermittler im europäischen Einigungsprozess" möchte ich die Möglichkeiten und Herausforderungen behandeln, die sich bei dem Aufeinandertreffen leidgeprüfter und doch versöhnlicher Nachbarn ergeben. Anfangs steht die Entwicklung Von der Erbfeindschaft zum Motor des vereinten Europas im Mittelpunkt meiner Betrachtung.

Darauf aufbauend gehe ich auf die Erfolge und Probleme des DFJW als Mittler zwischen Deutschland und Frankreich ein und ziehe anschließend Bilanz aus vierzig Jahren Vermittlungstätigkeit des DFJW. Zuletzt wird in der Zusammenfassung ein Fazit meiner Ausführungen im Mittelpunkt stehen.

Von der Erbfeindschaft zum Motor des vereinten Europas

Erst Bewunderung, dann Hass und schließlich Versöhnung?

Die Vorstellung des idyllischen Deutschlands der Dichter und Denker, des gebildeten Kulturvolks und der Gedankenfreiheit, das Madame de Stael in ihrem Buch De l'Allemagne im Jahre 1813 noch beschrieb, sollte sich nach den Kriegsjahren 1870/71 dramatisch wandeln. Ein anderes Deutschlandbild erwuchs nach dem Schock des Krieges und der Annexion Elsass-Lothringens in den Köpfen der alten und jungen Franzosen: der Erbfeind. Die deutsche Liebe zur französischen Lebensart schlug in blanken Franzosenhass um, nichts mehr war zu spüren von der einstigen Frankophilie. Der Kampf um die Vormachtstellung in Europa und der Drang nach Revanche bestimmten auch im ersten Weltkrieg weiterhin das Verhältnis der ehemaligen friedlichen Nachbarn. Junge Deutsche und Franzosen bekämpften sich erbittert auf den

Schlachtfeldern, unzählige Opfer forderte dieser Krieg auf beiden Seiten der Schützengräben. Symbolträchtig beschmutze und zerstörte man auch im Zweiten Weltkrieg den Nationalstolz des Feindes: in Paris wurde die deutsche Flagge gehisst, uniformierte NS-Soldaten flanierten in den Straßen von Montmartre. Auch wenn die Staatsmänner Aristide Briand[451] und Gustav Stresemann[452] zwischen den Kriegen versuchten, durch das Abkommen von Locarno[453] (1925) und den Eintritt Deutschlands in den Völkerbund[454] (1926) eine Verständigung zu schaffen, beharrten die politischen Parteien, die Presse und öffentliche Meinung auf der Erbfeindschaft. Nach dem Untergang des Dritten Reichs triumphierte Frankreich an der Seite der Alliierten endlich über das besiegte Deutschland.

Wer mochte jetzt an Versöhnung denken, da doch eben erst das gewaltige Verlangen nach Rache befriedigt wurde? Wer konnte sich eine friedliche Zusammenarbeit vorstellen mit denen, die Großeltern, Eltern und Lehrer kurz zuvor noch als ärgsten Feind bezeichneten? Konnte man sich verbrüdern mit denen, die einst Väter, Söhne und Ehemänner umbrachten? Unter diesen Voraussetzungen war eine friedliche Jugendbegegnung seinerzeit vorerst unvorstellbar. Doch wie und warum sich Frankreich und Deutschland allmählich doch annäherten und bald eine zarte Freundschaft zwischen ihnen wuchs, erläutere ich im nächsten Abschnitt.

Die Nachkriegszeit – Deutschlandfrage und anhaltendes Misstrauen

Deutschland war nach der totalen Niederlage am Boden zerstört. Die Frage, wie man mit dem Besiegten weiter verfährt, beschäftigte nun die Siegermächte. Auf der Konferenz von Jalta[455] beschlossen die Alliierten schon im Februar 1945 unter anderem die Demilitarisierung, Denazifizierung, Demokratisierung und die Einteilung Deutschlands in vier Besatzungszonen. Frankreich kontrollierte fortan den Südwesten Deutschlands. Das tief verwurzelte Misstrauen gegenüber dem besiegten Feind blieb jedoch noch bestimmend für die weiteren Pläne: Aus Furcht vor einer Wiedererstarkung Deutschlands bestand die französische Besatzungsmacht zunächst darauf, das Ruhrgebiet wie auch das Rheinland einem dem französischen Sicherheitsinteresse entsprechenden Sonderstatus außerhalb Restdeutschlands zu unterstellen. Die USA und die Sowjetunion lehnten eine Abtrennung einzelner

---

[451] (1862-1932), französischer Premierminister u.a. nachdem Ersten Weltkrieg.
[452] (1878-1929), deutscherAußenminister in mehreren Regierungen; bereitete den Weg für die Aufnahme des Deutschen Reiches in den Völkerbund; erhielt 1926 zusammen mit Briand den Friedensnobelpreis für die Locarnoverträge.
[453] Ziel des Vertrags war die Errichtung eines Sicherheitssystems in Mitteleuropa, besonders in Hinblick auf die deutsche Westgrenze.
[454] Internationales Staatenbündnis zur Sicherung des Weltfriedens mit Sitz in Genf bestehend von 1920-1946.
[455] Alliierte Kriegskonferenz (4.-11. Februar 1945) zwischen dem US-Präsidenten Roosevelt, dem britischen Premierminister Churchill und dem sowjetischen Staatschef Stalin zur Abstimmung des weiteren militärischen und politischen Vorgehens in der Endphase des 2. Weltkrieges sowie Klärung von Vorfragen die Gründung der UNO betreffend.

Landesteile jedoch ab, denn ohne ein gleichberechtigtes Deutschland im Zentrum Europas schien die Sicherung eines dauerhaften Friedens und möglicher Zusammenarbeit ausgeschlossen. Frankreich durfte jedoch das Saarland aus der eigenen Besatzungszone herauslösen, um es als quasi autonomes Gebiet wirtschaftlich eng an sich zu binden. Der französische Staatspräsident De Gaulle beabsichtigte, Deutschland als untergebenen Staat schwach und handlungsunfähig zu halten – ja sogar Pläne kursierten, einen ausschließlich agrarischen deutschen Staat zu bilden. Die USA und die Sowjetunion sprachen sich aber für den raschen Neuaufbau Deutschlands aus und so setzte sich auch Frankreich nun für die „Umerziehung" der Deutschen ein.

Am 14. September 1949 fanden schließlich die ersten Bundestagswahlen statt, Konrad Adenauer wurde erster Bundeskanzler der Bundesrepublik Deutschland. Meinungsumfragen, die seit den fünfziger Jahren durchgeführt wurden, ließen auch jetzt noch sehr klar die Fortdauer der alten Feindbilder in der Bevölkerung erkennen.

In Frankreich traute man den Deutschen zehn bis fünfzehn Jahre nach der deutschen Besatzung nicht über den Weg. Nur eine Minderheit von zehn bis zwanzig Prozent der Franzosen fasste Vertrauen zu den Deutschen, umgekehrt war unter den Deutschen das Vertrauen in die Franzosen ähnlich gering.

Insgesamt deuteten die kulturellen und sozialen Beziehungen zwischen Frankreich und der Bundesrepublik in den fünfziger Jahren nicht auf eine besonders enge Verbindung zwischen den beiden Ländern hin. Die ganz unterschiedlichen nationalen Identitäten und Erinnerungen hatten sie einander grundlegend entfremdet. Aus dem Bereich der Zivilgesellschaft waren daher kaum breite Initiativen für besondere Beziehungen in der Zukunft zu erwarten.

Tatsächlich kamen die entscheidenden Anstöße für eine engere kulturelle und soziale Zusammenarbeit bis in die sechziger Jahre von Seiten der Regierungen, etwa die Einrichtung des Centre Européen de Recherche Nucléaire[456] oder des Deutschen Historischen Instituts in Paris, die ersten Städtepartnerschaften ebenso wie die Gründung des Deutsch-Französischen Jugendwerks. Der Elysée-Vertrag stellte hier eine wichtige Station dar.

Annäherung unter De Gaulle und Adenauer: Der Elysée-Vertrag

Unter dem Zwang, sich im Laufe der 50er Jahre immer weiter den Amerikanern und Briten anzupassen, muss Frankreich nun seine anfangs deutschfeindliche Politik korrigieren und Wege der Annäherung suchen.

---

[456] Europäisches Kernforschungszentrum.

Sprach sich General de Gaulle 1944 noch für eine Zerstückelung Deutschlands aus, gibt er nach seiner Rückkehr an die Macht 1958 neue Impulse für die Zusammenarbeit zwischen den beiden Ländern.

Ohne ein starkes Deutschland als verlässlichen Partner in Industrie und Wirtschaft würde ein friedliches Europa undenkbar sein, das erkannte schließlich auch Frankreich. Nach dem offiziellen Ende der Besatzungszeit 1954[457] war nun der Weg offen zur Integration Deutschlands in den europäischen Einigungsprozess. Die Schaffung der Bundeswehr, der Beitritt der Bundesrepublik zur Westeuropäischen Union (WEU) und zur militärischen Organisation der Atlantischen Allianz NATO deklarierten die BRD fortan als gleichberechtigten Bündnispartner in Europa.

Deutschland initiierte gemeinsam mit dem französischen Nachbarn die Schaffung der EGKS und funktionierte auch später in der EWG und EURATOM[458] fortan an der Seite der westeuropäischen Mächte.

Die Krönung der Aussöhnungspolitik zwischen Deutschland und Frankreich achtzehn Jahre nach Kriegsende findet schließlich im Elysée-Vertrag[459] ihren Ausdruck.

Der französische Staatspräsident Charles de Gaulle und der deutsche Bundeskanzler Konrad Adenauer beschließen in diesem Freundschaftsvertrag die Zusammenarbeit zwischen den beiden Staaten zu fördern und die Aussöhnung der beiden Völker weiter voranzubringen. Zu diesem Zwecke sollte die Außen- und Verteidigungspolitik der beiden Staaten aufeinander abgestimmt werden. Dazu wurden regelmäßige Konsultationen der entsprechenden Ministerien und Treffen vereinbart. Die Zusammenarbeit in der Wirtschaftspolitik sollte forciert werden, und auf kulturellem Gebiet würde besonders der Jugendaustausch zwischen den Staaten gefördert werden. Die Begründer dieser Idee wussten darum, wie wichtig es sein würde, gerade die Jugend beider Länder übereinander aufzuklären und miteinander in Kontakt zu bringen, damit veraltete Vorurteile und verkrustete Klischees endlich aufgebrochen werden konnten.

Um dies zu verwirklichen, unterzeichneten die beiden Außenminister in Anwesenheit der Staatschefs bald darauf das Abkommen über die Schaffung des Deutsch-Französischen Jugendwerks (DFJW), welches noch im Oktober desselben Jahres feierlich gegründet wurde.

---

[457] Beschlossen in den Pariser Verträgen vom 23. Oktober 1954.
[458] Europäische Gemeinschaft für Kohle und Stahl (1951 gegründet), Europäische Wirtschaftsgemeinschaft und Europäische Atomgemeinschaft (begründet 1957 in den Römischen Verträgen).
[459] Auch „Deutsch-Französischer Vertrag", wurde am 22. Januar 1963 im Pariser Elysée-Palast unterzeichnet.

Erfolge und Probleme des DFJW als Mittler zwischen Deutschland und Frankreich

Aufbau und Angebote des Jugendwerks

Als internationale Organisation zur Unterstützung der Zusammenarbeit zwischen deutschen und französischen Jugendlichen wurde das DFJW wie erwähnt im Jahre 1963 gegründet. Dieses Austausch und Förderungswerk, an dessen Spitze ein unabhängiges Kuratorium stehen sollte, würde sich aus einem deutsch-französischen Gemeinschaftsfond speisen. Im Artikel 2, Abschnitt 1 des Gründungsabkommens vom 5.Juli 1963 heißt es:

„(1) Das Jugendwerk hat die Aufgabe, die Bande zwischen der Jugend der beiden Länder enger zu gestalten und ihr Verständnis füreinander zu vertiefen; es hat hierzu die Jugendbegegnung und den Jugendaustausch anzuregen, zu fördern und gegebenenfalls selbst durchzuführen. [. . .]" (Ménudier 1991, S. 260)

Veranstaltet bzw. gefördert wird u.a. der Austausch von Schülern, Studenten, jungen Berufstätigen und Familien. Seminare zur Ausbildung von Fachkräften der Jungendarbeit und des Jugendsports werden durchgeführt sowie auch Öffentlichkeitsarbeit zur Vertiefung der gegenseitigen Kenntnis der beiden Länder. Die folgende Tabelle legt die genauen Ausgaben des DFJW des Jahres 2002 dar und veranschaulicht die Bereiche, die am meisten gefördert werden.

Ausgabenaufschlüsselung des DFJW nach Art der Maßnahmen
Quelle: Rechnungsprüfungsbericht 2002

Bereiche	Ausgaben (%)			Ausgaben (€)
	2000	2001	2002	2002
Berufsbereich	14,8	13,4	17,7	2 911 610
Allgemeinbildende Schulen	13,1	12,6	17,7	2 907 035
Berufsbildung	6,6	5,9	3,7	611 069
Hochschulbereich	6,1	5,7	5,2	860 112
Jugend – Partnerschaften	19,7	24,7	23,1	3 469 740
Sport	6,1	6,0	5,8	943 851
Kulturaustausch (mit Schwerpunkt Kunst)	–	0,1	–	–
Zwischensumme	66,4	68,4	73,2	12 019 924
Sprachliche Aus- und Fortbildung	8,4	6,6	6,9	1 128 729
Pädagogische Aus- und Fortbildung	6,2	6,3	10,0	1 644 907
Unterstützungsmaßnahmen	7,2	9,4	2,2	366 986
Information und PR	4,2	5,0	3,8	600 545
Summe	92,4	95,7	96,0	15 761 091
Finanzierungshilfen	7,6	4,3	4,0	652 228
GESAMT	100	100	100	16 413 317

Die Organisation der Austauschprogramme übernehmen dabei die zahlreichen Träger und Partner des DFJW wie Jugendverbände, Sportvereine, Gemeinden,

Handwerkskammern und Gewerkschaften. Im Jahre 1976 ermöglichte das DFJW auch Jugendlichen aus Drittländern der Europäischen Gemeinschaft, an den Projekten teilzunehmen.

Das politische Stimmungsbarometer DFJW

Man möchte meinen, das gegenseitige Misstrauen sei lediglich eine Generation nach Kriegsende noch sehr groß gewesen, doch das Interesse am Nachbarn stellte sich als weitaus größer dar. Obwohl die Präambel des Deutsch-Französischen Vertrags[460] zwischenzeitlich für politische Verstimmung bei den Franzosen sorgte, vermochten die Anregungen des DFJW dennoch, die Jugend für seine Projekte zu begeistern. Tatsächlich schnellte die Nachfrage in den Folgejahren rapide in die Höhe, wie im folgenden Schaubild zu sehen ist.

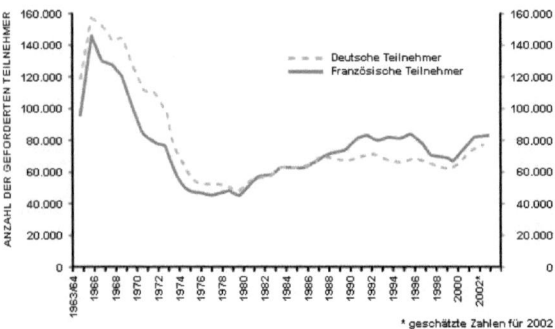

Abb.1 Deutsche und französische Teilnehmer seit 1963
Quelle: DFJW, 2001.

Auffällig an dieser Graphik ist auch, dass bis Ende der 70er Jahre die Teilnehmerzahlen nach dem ersten Höchstwert zwar stetig abnehmen – abgesehen von einem temporären Anstieg um 1968 – zu dieser Zeit aber vorrangig deutsche Jugendliche die vielfältigen Angebote des DFJW in Anspruch nehmen. Erst ab Mitte der Achtziger steigt die Kurve wieder leicht an und nun nutzen auch die jungen Franzosen vermehrt die Austauschmöglichkeiten.

---

[460] Die Deutschen erklärten darin ihre enge Bindung an die USA und den Willen zur Aufnahme Großbritanniens in die EWG – dazu wollte De Gaulle mit dem Elysée-Vertrag ursprünglich einen Gegenpol schaffen.

Es wird zu sehen sein, dass der rückläufige Trend der Beteiligung jedoch nicht aus Mangel an interessanten Angeboten erfolgt, wie man annehmen könnte. Ausschlaggebend für diese Schwankungen sind einerseits sicherlich die jährlich schrumpfenden Regierungsbeiträge. Wie in Abbildung 1 verläuft die Kurve auch in der folgenden Abbildung 2 nach einem anfänglichen Maximum ziemlich steil abwärts und verläuft dann auf einer relativ gleich bleibenden Ebene.

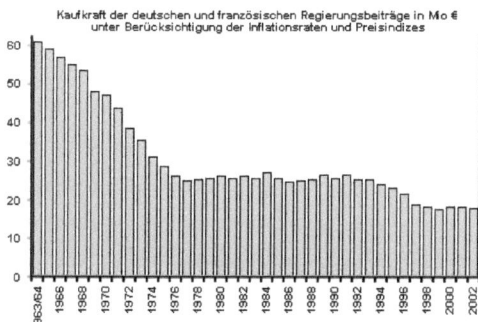

Abb.2
Quelle: DFJW, 2001.

Andererseits noch nennenswerter ist sicherlich die Tatsache, dass die Teilnehmerzahlen offensichtlich im Verhältnis zur jeweiligen politischen Stimmung gegenüber dem Nachbarn stehen. Wie abhängig die Motivation der Jugendlichen für die Teilnahme an deutsch-französischen Begegnungen vom politischen Klima zwischen den beiden Staaten ist, möchte ich nun an einigen Ereignissen festmachen. Dabei werde ich gleichzeitig die damit verbundenen Erfolge bzw. Herausforderungen für das DFJW aufzeigen.

Die Studentenrevolte 1968

Aufgrund wachsender Unzufriedenheit der französischen Studenten mit ihren Studienbedingungen kam es im Mai 1968 zu Aufständen in Paris. Nach dem gewaltsamen Eingreifen der Polizei riefen die Studenten und Dozenten zum Generalstreik auf, dem sich auch die Gewerkschaften anschlossen. Diese Aufstände führten in der Folge zu einer Regierungskrise, der Staatspräsident De Gaulle verlor die Zustimmung unter seinen Anhängern und musste im April 1969 schließlich zurücktreten.

Infolge dieser Unruhen geriet Frankreich in finanzielle Schwierigkeiten, die zu einer Kürzung des französischen DFJW-Beitrags für das Folgejahr führten. Des Weiteren wurden die Aktionsmöglichkeiten auch aufgrund inflationärer Geldentwertung immer stärker eingeschränkt, weswegen auch der deutsche Beitrag abnahm.

Der revolutionäre Geist der Pariser Studenten scheint dennoch auf die jungen Deutschen gewirkt haben, weshalb ein merklicher Anstieg der Teilnehmer in diesem Jahr zu verzeichnen war. Wahrscheinlich waren es auch diese Jugendlichen, die die Ideen der Studentenbewegungen auch an deutschen Universitäten verbreiteten, was schließlich auch in Deutschland zu Strukturänderungen führte. Ähnlich wie bei den europaweiten Revolutionen um 1848/49 lösten die errungenen Erfolge ein Solidaritätsgefühl zwischen den beiden Nationen aus, das sie wieder ein Stück zusammen brachte.

Nicht mehr nur die Aufarbeitung der Vergangenheit, sondern innergesellschaftliche Entwicklungen und Umbrüche, gemeinsame aktuelle und mögliche zukünftige Probleme rückten nun ins Zentrum des Interesses. Auch das DFJW zog Bilanz aus den Unruhen und sah sich vor neue Herausforderungen gestellt.

Die deutsch-französischen Beziehungen seit den Siebziger Jahren

Nach dem Ende der Ära Adenauer – De Gaulle kühlten sich die freundschaftlichen Beziehungen unter den Staatsbzw. Regierungschefs Ludwig Erhardt (1963-1966), Kurt Georg Kiesinger (1966-1969) und Präsident de Gaulle (1958-1969) sowie zwischen Willy Brandt (1969-1974) und dem französischen Präsidenten Georges Pompidou (1969-1974) merklich ab. Europapolitische Entscheidungen wurden in dieser Zeit nicht getroffen.

Erst mit dem Amtsantritt von Helmut Schmidt (1974-1982) und Valéry Giscard d'Estaing (1974-1981) im Jahr 1974 werden die deutsch-französischen Beziehungen wieder herzlicher und produktiver: aus einer gemeinsamen Initiative geht 1979 die Bildung des Europäischen Währungssystems (EWS) hervor.

Zu Beginn der Achtziger Jahre schienen die Unterschiede in der Wirtschaftspolitik die beiden Länder deutlich voneinander zu entfernen, die Zahl der Teilnehmer erreicht um 1980 ihren Tiefpunkt. Das neue Gespann Helmut Kohl (1982-1998) – François Mitterrand (1981-1995) einigt sich jedoch versöhnlich in Fragen der atomaren Nachrüstung und öffnet 1986 den Europäischen Binnenmarkt – ein weiterer gemeinsam gelegter Meilenstein auf dem Weg zum vereinten Europa.

In dieser Zeit verlaufen die Kurven in unserer Graphik beinahe identisch und Ende der Achtziger Jahre nehmen erstmalig mehr Franzosen als Deutsche an den DFJWProgrammen teil. Der symbolträchtige gemeinsame Besuch Kohls und

Mitterrands auf dem Schlachtfeld von Verdun stimmte beide Nationen offenbar versöhnlich, sodass die Teilnehmerzahlen wieder leicht anstiegen.

Die Wiedervereinigung Deutschlands und die Zeit nach 1990

Der Fall der Mauer im Jahre 1989 stellte für das DFJW eine unerwartete Herausforderung dar. Vor der späteren Wiedervereinigung wurden Jugendaustauschabkommen auch mit der DDR geschlossen, da sie zur dieser Zeit noch als eigenständiger Staat galt. Es fand also ein doppelter Jugendaustausch statt: Frankreich pflegte mit der BRD und gleichzeitig der DDR bilaterale Beziehungen. Erstmals und letztmals nahmen an einer Kuratoriumssitzung des DFJW drei Jugendminister teil: Die Minister Frankreichs und der Bundesrepublik sowie die Jugendministerin der DDR. Sie vereinbarten die Zuständigkeit des Jugendwerks für junge Leute aus ganz Deutschland, was dazu führte, dass bald auch Jugendliche aus den neuen Bundesländern an deutsch-französischen Begegnungen teilnahmen und dadurch mit dem ungewohnten Klima der Offenheit zwischen beiden Ländern vertraut wurden.

Die Zahl der teilnehmenden Jugendlichen stieg auch nach der Wiedervereinigung 1990 deutlicher an. Das DFJW stand jedoch vor dem Problem, dass in den Neuen Ländern abgesehen von den traditionell unabhängigen Kirchen, anfangs kaum demokratische Jugendorganisationen, Verbände oder Gewerkschaften als Träger bereitstanden. Westdeutsche Organisationen übernahmen anfangs noch die Vermittlungstätigkeit zwischen den inländischen und ausländischen Partnern. Das Augenmerk für das weitere Vorgehen wurde nun auf Öffentlichkeitsarbeit gelegt: umfangreiche Informationsveranstaltungen zu Frankreich, den zwischenstaatlichen Beziehungen und zur Möglichkeit des Jugendaustauschs fanden statt und man wurde sich der fehlenden sprachlichen Kompetenz der Jugend bewusst. Denn zuvor hatte Französisch als Fremdsprache kaum eine Rolle gespielt.

In Frankreich löste der Mauerfall spontane Begeisterung und ein ganz neues Interesse für Deutschland bei den Jugendlichen aus. In den Medien war zwar von der Furcht vor einem neuen „Großdeutschland" die Rede, die jedoch an den Partnern des DFJW dank ihrer jahrzehntelangen Erfahrung der produktiven Zusammenarbeit ungehört vorbeiging.

Nach dem Zusammenbruch der Sowjetunion schnellen auch die Zahlen der Teilnehmer aus Drittländern explosionsartig in die Höhe, wie die untenstehende Graphik es zeigt.

Zwar war es ihnen seitens des DFJW schon seit 1976 möglich, an den Programmen teilzunehmen, aber erst nach dem Ende des Kalten Kriegs genossen sie wirklich die Freiheit, ins westliche Ausland zu reisen.

Abb.3 Anzahl der Teilnehmer aus Drittländern
Quelle: DFJW, 2001.

Am 1.November 1993 wird mit dem Inkrafttreten des Vertrags von Maastricht der Zusammenschluss der europäischen Gemeinschaften EGKS, EURATOM und EWG zur Europäischen Union (EU) festgelegt. Durch die Erweiterung der EG um die gemeinsame Außenund Sicherheitspolitik und die Zusammenarbeit in den Bereichen Justiz und Inneres, d. h. durch den vertraglich fixierten Ausbau der politischen Integration, wurde aus den primär wirtschaftlich orientierten EG die wirtschaftlich und politisch definierte Europäische Union.

Im Jahr 1998 endet auch die Ära Kohl und mit seinem Nachfolger Gerhard Schröder haben die deutsch-französischen Beziehungen eine neue Qualität erreicht, nicht zuletzt wegen gewisser politischer Affinitäten zwischen dem SPD-Bundeskanzler und dem gaullistischen Staatspräsidenten Jacques Chirac. Zwar gab es auch hier Spannungen wie etwa auf dem Nizza-Gipfel,[461] doch demonstrieren Deutschland und Frankreich 2003 gemeinsam ihre Ablehnung gegenüber eines militärischen Eingriffs der USA im Irak. Innerhalb der Europäischen Union führte dies zu einer tiefen außenpolitischen Spaltung, denn Großbritannien, Spanien, Italien, Portugal und Dänemark stellten sich auf die Seite der Amerikaner.

---

[461] Mit dem Vertrag von Nizza am 11. Dezember 2000 wurden die institutionellen Voraussetzungen für die für 2004 vorgesehene Osterweiterung der Europäischen Union geschaffen, die am 1. Februar 2003 in Kraft traten.

Bilanz aus vierzig Jahren Vermittlungstätigkeit des DFJW

Seit 1963 hat das DFJW mehr als 7 Millionen jungen Franzosen und Deutschen die Teilnahme an rund 250.000 Austauschprogrammen ermöglicht. Das DFJW fördert jedes Jahr über 7.000 Begegnungen, an denen rund 200.000 Jugendliche teilnehmen. Allerdings ist bald nach Beginn der Programme festzustellen, dass die vielfältigen Angebote des DFW nicht annähernd auslastend genutzt werden. Die Zahlen der Programme und der Teilnehmer klaffen seit Mitte der Sechziger Jahre auseinander wie es Abbildung 4 zeigt.

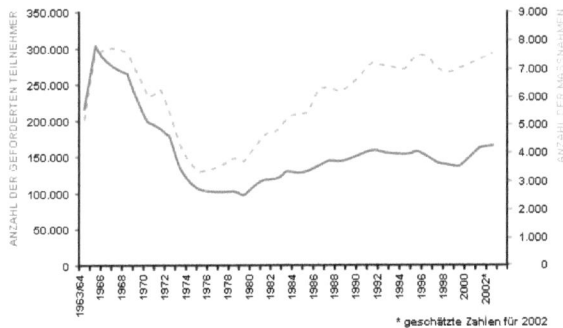

Abb.4 Entwicklung der Zahl der geförderten Teilnehmer und Programme von 1963 bis 2002

Durchgehende Linie (linke Skala): Zahl der geförderten Teilnehmer

Gestrichelte Linie (rechte Skala) : Zahl der Programme Quelle: DFJW, 2001.

Zwar schafft es das DFJW, mit weniger Mitteln immer mehr Angebote zu realisieren, mehr Jugendliche dafür zu interessieren gelingt offensichtlich dagegen nicht.

Um weiterhin erfolgreich arbeiten zu können, muss sich das starre Gerüst der Organisation augenscheinlich nachhaltigen Reformen unterwerfen.

Das DFJW kann nach 40 Jahren des Einsatzes im Dienste der Versöhnung und später der Freundschaft zwischen zwei ehemals verfeindeten Staaten natürlich auch eine positive Bilanz vorweisen. Heute empfinden die Jugendlichen die freundschaftlichen Beziehungen zum Nachbarn als selbstverständlich, womit das Ziel der Versöhnung beider Staaten erreicht ist.

In einem Bericht der Arbeitsgruppe des Deutschen Bundestages und der Assemblé Nationale zum Deutsch-Französischen Jugendwerk, der anlässlich des vierzigjährigen Bestehens der Organisation 2004 vorgelegt wurde, heißt es:

„Die Institution muss sich jedoch den Anforderungen des 21. Jahrhunderts in einem erweiterten Europa stellen. Der Eigendynamik der deutsch-französischen Beziehungen, der Auswirkung der Globalisierung und Erweiterung Europas nach Osten kann das DJFW mit seinem heutigen Aufgabenbereich und in seiner derzeitigen Struktur nicht gerecht werden. Da die deutsch-französischen Beziehungen als Beispiel und Modell auch für Krisenregionen innerhalb des erweiterten Europas und an dessen Grenzen dienlich sein können, sollte das Deutsch-Französische Jugendwerk in dieser Hinsicht neue Verantwortung übernehmen."

Wie in diesem Auszug ersichtlich wird, nimmt das DFJW mit seinen lobenswerten Errungenschaften wirklich eine Beispielposition für die Pflege bilateraler Beziehungen ein. Das Jugendwerk steht heute an einem Wendepunkt seiner Geschichte und seine Aufgabe wird in der Zukunft darin bestehen, neue Möglichkeiten der Jugendbegegnung zwischen anderen Nachbarn zu eröffnen und das friedlich Kennenlernen untereinander zu realisieren. Das Fortbestehen der Institution hängt nun von ihrer Fähigkeit ab, sich anzupassen, zu ändern und die jahrzehntelangen Erfahrungen bestmöglich zu nutzen. Vierzig Jahre nach Abschluss des Elysée-Vertrags ist es Zeit für eine grundlegende Erneuerung des DeutschFranzösischen Jugendwerks.

Zusammenfassung und Fazit

Ein langer Weg war es, den Deutschland und Frankreich beschreiten mussten, ehe sie friedlich Seite an Seite in einem vereinten Europa existieren und zusammenarbeiten konnten. Nach dem Ende des Krieges 1945 war Deutschland besiegter Außenseiter und schon vor den Weltkriegen waren die deutsch-französischen Beziehungen geradezu feindlich. In den Wirren der Nachkriegszeit waren das politische Verhältnis noch von Misstrauen und Zweifel geprägt. Dass dann in den Fünfziger Jahren der Weg zu einem vereinten Europa eingeschlagen werden konnte, war vor allem auf die langsame Annäherung der ehemaligen Erzfeinde zurückzuführen. Der Freundschaftsvertrag, auch Elysée-Vertrag genannt, besiegelte 1963 schließlich die Aussöhnung zwischen Deutschland und Frankreich – die Idee des gemeinsamen Europas konnte Schritt für Schritt in der Schaffung der europäischen Gemeinschaften EGKS, EWG, EURATOM und schließlich der Europäischen Union (EU) verwirklicht werden. Deutschland war nun zu einem respektierten und gleichberechtigten Bündnispartner geworden und ohne die Freundschaft zu Frankreich wären diese Erfolge wohl kaum möglich gewesen. Das Deutsch-Französische Jugendwerk trug seit seiner Gründung 1963 in hohem Maße zu dieser Freundschaft bei, indem es Austausch und Förderungsprogramme für Jugendliche durchführte und so die jungen Nachbarn miteinander vertraut machte. Bei den Jugendbegegnungen konnten die uralten Vorurteile ausgeräumt werden; man lernte, mit dem Nachbarn friedlich zusammenzuarbeiten.

Die positive Bilanz der vierzigjährigen Arbeit des DFJW besteht vor allem darin, dass die deutsch-französische Freundschaft heute von den Jugendlichen beider Länder als ganz selbstverständlich wahrgenommen wird. Natürlich war auch diese Zusammenarbeit von Problemen begleitet: die internationalen politischen Stimmungsschwankungen prägten die Zahl der jugendlichen Teilenehmer und die gesellschaftlichen Umbrüche der Globalisierung und Internationalisierung stellten das DFJW vor neue Herausforderungen, die eine hohe Flexibilität verlangten. In Zukunft wird es also von der Anpassungsfähigkeit des DFJW abhängen, ob diese freundschaftliche Kooperation auch noch in Zeiten der Globalisierung und Gesellschaftsumbrüche auch mit neuen Nachbarn ausgebaut werden kann.

Literatur

[1] BMFSFJ 2004. Bundesministerium für Familie, Senioren, Frauen und Jugend: Deutsch-Französisches Jugendwerk (DFJW). 2004. http://www.bmfsfj.de/Politikbereiche/kinder-und-jugend,did=15394,render=render. Print.html [Stand: 28.08.2005]

[2] DFJW 2005. http://www.dfjw.org [Stand: 28.08.2005]

[3] Kaelble 2005. KAELBLE, Hartmut: Die sozialen und kulturellen Beziehungen Frankreichs und Deutschlands seit 1945. 2005. http://www.bpb.de/publikationen/GKB4PY,0,0,Die sozialen und kulturellen Beziehungen. Frankreichs und Deutschlands seit 1945.html [Stand: 14.09.2005]

[4] Ménudier 1991. MENUDIER, Henri: Das Deutsch-Französische Jugendwerk. Ein exemplarischer Beitrag zur Einheit Europas. 1.Auflage. Stuttgart (Bonn Aktuell) 1991.

[5] Pacreau 2005. PACREAU, Xavier: Geschichte der deutsch-französischen Beziehungen. 2005. http://www.leforum.de/de/de-histoirefa.htm [Stand: 23.09.2005]

[6] Wikipedia 2005. Elysée-Vertrag. http://de.wikipedia.org/wiki/Elys%C3%A9e-Vertrag [Stand: 23.09.2005]

[7] Wikipedia 2005. Deutsch-französische Beziehungen. http://de.wikipedia.org/wiki/Deutsch-Franz%C3%B6sische Beziehungen. [Stand: 23.09.2005]

[8] Wikipedia 2005. Deutsch-französische Freundschaft. http://de.wikipedia.org/wiki/Deutsch-franz%C3%B6sische Freundschaft. [Stand: 23.09.2005]

Einzelbände:

- Florian Kreier. Alleingang zu zweit. Der Deutsch-Französische Freundschaftsvertrag vor dem Hintergrund der Persönlichkeiten Konrad Adenauer und Charles de Gaulle. ISBN: 978-3-640-78328-1

- Alexander Stock. Die Neue Deutsche Ostpolitik der sozialliberalen Koalition und die deutsch-französischen Beziehungen von 1969-1974. ISBN: 978-3-638-70307-9

- Johannes Müller. Die deutsch-französischen Beziehungen von der Wiedervereinigung zum Maastrichter Vertrag. Die Rolle Helmut Kohls und François Mitterrands. ISBN: 978-3-656-31670-1

- Carolin Behrens. Das deutsch-französische Jugendwerk. Chancen und Grenzen als Vermittler im europäischen Einigungsprozess. ISBN: 978-3-640-29065-9